傅佩榮作品集 03

傅佩榮——著

生活的逆境要勇敢面對

Dealing Bravely with the Adversity of Life

Part 1

相信自己，而不是相信命運

「凡走過的，必留下足跡；凡奮鬥的，必經歷成長。」
我由這一段艱辛歲月學到的心得，
成為我日後立身處世的重要指標。
我總是先要求自己，
再把握適時出現的機會，全力出擊。

Part 2

傾聽內心，而不是顧慮雜音

人的內心怎能避免喧囂？喧囂是雜音畢現，
那麼，如何使雜音調和為協奏？
首先要畫定心靈的領域，不必「向不可能挑戰」，
對於「可能性」則要辨別輕重緩急。

Part 3

選擇面對，而不是消極逃避

化解麻木與悲涼，需要勇氣。
此時，勇氣不是慷慨激昂的豪氣，
而是堅持承受的耐力與永不失望的信心
所結合而成的人格特質。

Part 4

抓住現在，而不是懊悔過去

時間一去不復返。
這麼簡單的道理實在不需別人提醒，
但是多少人清醒地意識到它的嚴重性呢？

Part 5

累積成果，而不是追求掌聲

沒有人可以用一套策略面對所有的人，
更不可能只靠策略就與人維持長期的友好關係。

在挑戰中成長（序）

所有勵志作品的基調，都是鼓勵人在挑戰中成長。人有豐富的潛能，這是萬物之靈的特色，也是他的致命弱點。經由適當的學習，潛能轉化為實力，累積為技藝與智慧，可以造就文質彬彬的君子；但是，如果一個人錯過學習的機會，潛能棄置不用，以致他的動物本性與欲望占了上風，那麼不僅無法善度自己的一生，可能還會帶來群體的災難。

就此而論，所有的教育都是加諸心智的挑戰。杜威說：「教育即是生活。」反之，生活也是教育，端視我們能否從經驗中擷取教訓。挑戰可以在潛意識中進行，也可以在清醒中推動。重要的不是挑戰的大小，而是覺悟的高低。如果養成定期反省的習慣，自己的有限經驗未必不能成為人生的一課。我由於愛好寫作，反省的心得較多，我的人生課本看來比較詳細些。

有些遭遇，在當時算是倒楣或不幸，後來卻能結出善果，好像始料所不及，但是依然有跡可尋。譬如，我在青少年時代有說話上的困難，於是專心念書，激發學習的興趣，產生另一種自信；後來改正了毛病，而求學的意志早已生了根。這是因禍得福嗎？簡單的因果關係不足以說明複雜的人生際遇。潛意識裏，我不喜歡這麼嚴酷的挑戰，一旦遇上了，就只能先求適應再去改變。

適應，是因為外在形勢完全不是我們可以掌握的。譬如我在耶魯大學的四年期間，必須按照教授的規定，盡全力去調適。改變，則是因為人有生存與發展的本能，加上心智的陶冶與磨鍊，隔一段時間之後再看，忽然發現自己已經異於往昔。問題只在於：過度的適應，將會抹煞自信；過度的改變，也將使人忘記原來的自己。面臨挑戰，不可能每一次都成功，更不可能全身而退、毫髮無損。

傷害若是不可避免，就須盡量提高附加價值。我由此懂得利用時間與資源，化被動為主動，設法掌握自己的生命走向。我的策略有三：

首先，要謹慎選擇——如果不曾學會放棄，又怎能珍惜已有的一切？隨著年齡的增加，逐漸明白自己的限制，開始懂得儉約、保守，若不是真心想要的，就不必追求，甚至不宜知道太多。生涯規劃由外在成就轉回內心世界，寧少勿多，寧拙勿巧。

其次，要提高標準——心靈須以重質不重量為原則，質的評估則是寧高勿低。「尚友古人」，在歷史上追溯古人行誼，引為知己，營造自己心靈的家鄉。然而，眼高手低也是一個警惕，人生挑戰在此成為實踐的困境。明白越多高雅的人生觀，就越覺得自謙與壓力，因為不能確知自己將來的定位何在。值得安慰的，只是上進的動力依然存在。

然後，要品味人生——剎那即是永恆，若是不能站在當下，感受生命的意義，自我豈不茫然？當下的處境也許是生命座標中的負值，但是未必全無特色，因為人生意義若是排除了「我的」，只不過是一堆空洞的理念而已。也許當我們走到人生的低潮時，才更珍惜過去的光采，也才更期盼來日的新姿。

總之，人到中年感觸多。我曾經在挑戰中成長，現在整理自己的經驗，無非是準備在下一階段以全新的精神，繼續面對更複雜的挑戰。迎向挑戰的決心，就是成功的開始。

傅佩榮

寫於民國八十五年冬・臺大哲學系
民國九十六年冬・修訂新版

編按：本書原名《回應人生的挑戰》於民國八十五年出版，現由作者重新修訂，更新書名《生活的逆境要勇敢面對》。

Part 1

相信自己，而不是相信命運

「凡走過的，必留下足跡；
凡奮鬥的，必經歷成長。」
我由這一段艱辛歲月學到的心得，
成為我日後立身處世的重要指標。
我總是先要求自己，
再把握適時出現的機會，全力出擊。

從問題學生到模範學生

念書應該是快樂的事，但是攻讀學位則不然，它有時間及考試的壓力，不宜久戰。

一、出國的機緣

我從輔大哲學系畢業之後，考取臺大哲研所碩士班，第二年應聘爲助教。念完碩士，服了兵役，回系擔任講師。一九八〇年初，臺大文學院長侯健先生找我去談，鼓勵我申請哈佛燕京學社的獎學金，赴美攻讀博士。由於侯院長的支持，我得到了這項獎學金，但是去哪一所學校呢？

我在三、四月間才寄出申請函，早已超過美國一般大學規定的期限，因此必須多靠運氣了。結果運氣還不錯，威斯康辛大學哲學系、康乃爾大學漢學系與耶魯大學宗教學系都給我入學許可。

我的興趣原在宗教哲學，並且耶魯的人文學科在美國已有優異傳統，我在請教幾位師長的意見之後，匆匆於是年九月束裝赴美。

等在前面的是今生最艱苦的三年半。

二、意外的困境

我在耶魯辦理註冊手續時，忽然發覺自己的身分被界定為「特殊學生」，有如臺灣的大學所謂的「選讀生」一般，乃立即提出質疑，因為我的入學許可上寫明了是「正式學生」。研究部主任要我回系去問明情況。系主任告訴我：我申請入學時，正值暑假，沒有經過審核委員會的討論，就由代理系主任根據我的條件逕行

決定收我。現在，有一位教授極力杯葛，不讓我當正式生，所以出現這樣的變化。不過，只要成績過關，特殊生可以在第二年成爲正式生，否則正式生照樣念不下去云云。

系主任接著說：「我們正在公開場合清洗一件髒襯衫。」意思是：系裏的教授鬥爭牽連到我這個外籍生身上了。他希望我委曲求全，我則堅持原則，一定要依法正名。最後我得到正式學生的身分，但是心裏明白此處非久居之地，還是早些念完書回國吧！

才出國就想回國，這樣的心理壓力是可怕的。我在入學時就引起系中兩派教授的側目，自覺孤立無援，只有把全副精神放在念書上，平均每日讀書十二小時。第一學期選修三門課，寒假期間等著成績公布。外面冰天雪地，餐廳不開伙，我每日吃生力麵維持體力。

我從十二歲起就在外地念書，早已習慣了孤獨，也知道督促自己，但是卻容不下一點委屈。當時心情頗爲悲憤，想到如此用功而沒有好的成績，就不如放棄吧！

寒假一過，成績公布，我的三門課都得到了「H」，代表「Honour」，是最高一級的分數。聽到這個結果，我才鬆一口氣，畢竟「就學術論學術」還是有基本的公平與正義的。我通過初期的適應階段，但是絲毫不敢大意，因爲前頭還有不少關卡。

三、課業的要求

由於第一學期的三門課都得到「H」，系裏教授對我的印象大爲改觀。在耶魯大學念文科學位要通過四關：一是修滿十二門課，其中須有兩個「H」；二是語言要求，須參加ETS的法語與德語測驗，由各系自訂及格標準；三是三門學科考試；四是論文。

我在修課方面以「勤能補拙」爲原則，凡是教授指定的參考材料無不仔細研讀，平均每日閱讀一百多頁。若不事先準備，上課時就無法完全理解。我至今記憶猶新的有兩件事。一是在上傅萊教授的「詮釋學」時，平常都是由同學自由發

言、各抒己見，我只有安靜傾聽的分。有一次，教授忽然問：「有誰看過恩內斯地的書？」我舉起手，全班只有我一人舉手。教授頗覺詫異，就吩咐我把該書主旨介紹一遍。這時我才有從容發言的機會，自然奉命照辦。從此，傅萊教授對我刮目相看，同學們也變得友善多了。

其次則是在我的指導教授杜普瑞先生的課堂上，我總是坐在前排中間的座位，一邊錄音一邊記筆記。杜教授的主要作品我都詳讀過，因此每當他提到某個人名與書名時，偶爾忘了，就會以徵詢的眼光環視全體學生，希望有人可以提出答案。我曾多次符合他的期許，以致他後來開玩笑說：「當我需要幫助時，我就轉向我的中國學生。」回國之後，爲了感念師恩，我特地把他的代表作《人的宗教向度》譯爲中文出版，全書四十萬字。

我的學業成績還不錯，十二門課得了十個「H」。但是，語言測驗怎麼辦？我在大學時代曾以法語爲第二外語，稍有基礎；到了耶魯再參加夜間課程以恢復功力，然後在第一年結束時報考法語測驗，以六百四十分（滿分約八百分）通過系裏所定的六百分標準。

接著，我設法利用暑假自修德文。我向同學借了一份三百多頁的講義，每日苦讀十餘小時。第二年開學不久就報考德語測驗，結果得了五百九十分。我向所長報告成績時，原來存有一點通融的奢望，但是他面帶微笑說：「我相信你下一次一定可以考過六百分。」我無話可說，回去再念兩個月，然後以六百二十分過關。

我在兩年之內完成上述學科與語言的要求，絲毫沒有耽誤。所長對我說：「我原先以爲你是製造問題的人，現在發現我自己才是製造問題的人。」現在我要面對的是學科考試。依照規矩，只要學生認爲自己準備妥當，就可以向所裏申請報考。因此，有學生爲了三門學科而延誤兩三年的。我繼續努力，在一個學期之內通過三門學科考試，自覺身心疲憊已經接近極限了。

最後一關是論文。學生須先提出十二頁的大綱及書目，經由指導小組口試通過，才可著手撰寫。博士論文以「原創性的見解」爲主要標準。我如果選擇西方的題材，可能還要再拚一、兩年，並且未必會有什麼創見。但是，如果選擇中國哲學，顯然較有把握。

當時耶魯有余英時先生擔任中國史的講座，我修過他的課，得到許多啓發，於是請他爲我的共同指導教授。

想不到大綱口試時，還是出了差錯。口試委員中有溫斯坦教授，他就是在我入學時極力杯葛的先生。爲何杯葛？因爲他曾在日本取得佛學研究的碩士，自認爲是東方權威，對於中國人要求特嚴。他在口試時，帶了十幾本日本學者所寫的中國哲學著作，往桌上一擺，說：「這些書你念過了嗎？」我坦承不懂日文。他接著說：「你不懂日文，沒有念過這些著作，就不可能寫成你關於中國哲學的論文。」於是，在他的堅持下，口試小組決定：我必須學習日文，其程度應讓溫斯坦教授認可，然後才可撰寫論文。

我在圖書館借了一本美國人用英文寫的日文讀本，每天苦讀十餘小時。粗通文法與句型之後，我開始閱讀日文相關著作，先後看了五十餘本，寫成了一篇五十餘頁的論文，在第四年一開學就逕請溫斯坦教授指正。兩星期後，他對我說：「眞是令人印象深刻！」

接著，我以三個月時間寫成十八萬字的《中國古代的天概念研究》，是爲博士論文，回國後我再將它改寫為《儒道天論發微》出版。論文須由三位教授評定成績。我一得知通過的消息，沒有參加畢業典禮，立即束裝返國。回到臺北機場時，家人幾乎認不得我，因為我整個人看來浮腫，隨時都會倒下去的樣子。

四、一點心得

念書應該是快樂的事，但是攻讀學位則不然，它有時間及考試的壓力，不宜久戰。拖得太久，師老兵疲，最後可能挫折了自信，扭曲了性格。

我在美國三年半的經歷，如今回想起來仍有餘悸，好像身心都是在臨界點上掙扎。幸好我都順利度過了。「凡走過的，必留下足跡；凡奮鬥的，必經歷成長。」我由這一段艱辛歲月學到的心得，成為我日後立身處世的重要指標。我總是先要求自己，再把握適時出現的機會，全力出擊。在教學、研究、寫作、演講等方面皆是如此。

離開耶魯前夕，所長韓因教授特地留一封信給我，上面寫明我是「模範學生」（model student）。從特殊學生，問題學生，到模範學生，這一段路走得並不輕鬆。

幸好，今生不必再做「學生」了。

成功者在別人浪費時間時，他仍在向前邁進。

——美國實業家　亨利福特

念書還我自信

想不到念書竟有如此神奇的功效！我的中學生活似乎是我一生遭遇的寫照：求人不如求己，先受苦後享樂，積極改造自己的性格。

人有求生的本能，遇到困難若不轉彎，就須改造自己、適應環境。我在中學時代，面對了此生最大的考驗，就是說話口吃。小學三年級到高中二年級，我上課不曾說過一句完整的話，有時連一個字也說不清楚，「是不能也，非不爲也」。口吃招來的嘲笑，有如無邊的黑暗，我感受到挫折之下的性格扭曲；自卑與

自閉，都與我擦身而過，我依稀看到它們的猙獰面貌。是求生本能提醒我，好好念書或許可以挽回一點點自尊。我坐在書桌前，念書不是爲了父母，不是爲了求知，只是爲了可以稍稍減弱嘲諷的聲浪，只是爲了聽別人私語：他雖然口吃，功課卻還不錯。

功課豈只不錯，我在恆毅中學的六年期間，考試成績一直保持全年級第一，並且經常是全校第一。上課時，老師不再叫我起來朗誦課文或回答問題，我得到的榮譽遠遠勝過幼時的屈辱。想不到念書竟有如此神奇的功效！我的中學生活似乎是我一生遭遇的寫照：求人不如求己，先受苦後享樂，積極改造自己的性格。

回憶中，除了口吃的痛苦與考試的刺激之外，我的中學生活充滿了「自得其樂」的色彩。初二時，偶然見人下象棋，看到攤開的棋盤上寫著：「棋中不語眞君子，起手無回大丈夫」，不禁心生嚮往，因爲「眞君子」與「大丈夫」對於青少年實在太有吸引力了。我迷上象棋，每天作完功課就研究棋譜，到處找人挑戰。周末在臺北街頭看到路邊殘局都會駐足良久。我由象棋學到三點：一，任何棋子擺在適當的位置，都有驚人的戰力；二，要綜觀全局才能判斷得失成敗；三，計算步步爲營與環環相扣的微妙關係，凡事預爲籌謀，以求不敗。

初三時，偶然聽到義大利歌星馬利奧蘭莎的唱片，所錄皆爲抒情名曲，如「我的太陽」、「上塔路琪亞」、「媽媽」、「歸來吧蘇連多」等，地中海畔的浪漫情調捕獲了我的夢幻心靈。我跟著唱片學歌，很快就學會了，唱得有板有眼，意思完全不懂。有什麼關係？只要美妙的旋律使我快樂就好了。高中聯考的壓力絲毫沒有產生威脅。

我留在母校讀高中。這三年住校期間，天天下課之後都約了同學打籃球，風雨無阻。記得有幾次颱風來襲，大家照樣上場比賽，射籃時還須一併計算風速，玩起來眞是過癮。持之以恆的遊戲，居然培養了日後在美國攻讀博士時所需要的體力。不論這是僥倖或是遠見，當時的同學相處愉快才是最重要的。人生每一階段都應該自成目的，認眞踏實的生活，否則難免事後追悔。

高二時，宋之鈞老師見我說話將成一生障礙，正好他又看到《中央日報》刊出口吃矯正班招生的廣告，就勸我去參加，看看能否有些改善。兩個月的矯正過程，使我了解口吃的生理及心理因素，學會了放鬆心情、調適呼吸、慢慢發音、清楚說話。九年以來的陰霾逐漸散去，我在口吃矯正班的結業典禮上作了生平第一次公開演講，爲時三分鐘。眞正完全克服口吃，則是從耶魯念完學位回國之後，心境坦蕩，有話要說，在教書及演講中感受了莫大的喜悅。

我由自己遭遇的考驗，學到了如何寬待與體諒受苦的人，誓願絕不嘲笑別人的弱點與缺陷，一定要站在受委屈的一方，同時加意珍惜語言與文字的表達力量，因爲說話對我原是如此的困難啊！

中學生活如上所述，似乎頗有計畫，其實當時並無深遠考慮，只是按照學校的教育步驟一步步向前行去。中學畢業時，訓導主任給我的評語是「小心謹慎」，可見他並沒有發現我「自得其樂」的一面。不過，兩者合而觀之，倒能描寫我日後的行爲準則。小心謹慎，是爲了安分守己，不要製造麻煩；自得其樂，則是積極方面，不論環境如何，我都要快樂地活下去。

誰自尊，誰就會得到尊重。

——法國小說家　巴爾札克

口吃伴我九年

口吃患者對自己的處境很敏感，常怕帶給別人不耐與麻煩。他心中想的是：我說的對不對呢？我的話很重要嗎？別人會有興趣嗎？別人會不會嘲笑呢？這種敏感其實是多餘的。

最近接受《聯合晚報》的訪問，談起自己青少年時代的成長經驗，刊出時的題目是〈口吃伴我成長〉。隨後兩周之內，接到五封信，都是希望我提供矯正口吃的方法的。我因爲曾有切身之痛，特別能夠體會這些朋友的痛苦。爲了避免一一回信的麻煩，並且我想或許還有其他讀者有意了解我是如何度過這一關的，乾脆

專寫此文作個說明。

我在小學三年級八歲時，看到鄰居小孩說話口吃，狀甚可笑，就不知輕重地向他學習。結果我自己倒成了更嚴重的口吃患者，上課緊張得要命，老師一叫到我，我就一個字也說不完整，一個音重重複複在喉部打結，弄得面紅耳赤，捶胸頓足，同學們則哄堂大笑。我由此變得極端自卑，只好拚命念書，靠考試成績扳回一點自尊。我念書功課極佳，後來走上教書之路，大概都與口吃有關。

口吃伴我九年，直到高二，一位老師看到《中央日報》的廣告，才鼓勵我去參加一個「口吃矯正班」。以下略談矯正的情形。

口吃有兩個因素，一是心理障礙，怕別人注意自己，對自己不耐煩，因此一說話就緊張。二是喉部發聲問題，無法順利發出某些語音。所謂矯正，也分兩個部分，比較簡單的是發聲方面。這須由保持呼吸的正常狀態開始練習。當時教我的何老師特地由日本帶回一架呼吸練習機，可以測出呼吸的量與速度，讓學生明白自己的問題何在。換言之，心平氣和是說話的前提。呼吸急促時，自然容易出現阻滯了。接著，練習一面說話一面保持呼吸的勻稱。寧可讓別人覺得我說話慢條斯理，也不要讓自己感覺太大的壓力。

在家時，面對鏡子朗誦白話文，認清自己說話時的姿態與表情。如果我對自己都不熟悉，別人怎麼會欣賞我呢？下一步則是分析自己哪些音發不順暢。譬如，我對「ㄍ、ㄅ、ㄊ」這些音特別懼怕，因此說話時盡量避免以這些音開頭的字。像「各位先生」、「報告老師」這兩句話，就是我很少說的。我改用「諸位先生」、「請問老師」。早期我對陌生人說話都不習慣，曾經在買車票時以字條寫明「中壢到新莊」，遞給售票員。後來我想反正彼此都是陌生人，我又何必擔心自己丟人現眼？說話時心裏就舒坦些了。

做到這一地步，才算矯正了三分之一。剩下的工作是心理重建以及長期適應。口吃患者對自己的處境很敏感，常怕帶給別人不耐與麻煩。他心中想的是：我說的對不對呢？我的話很重要嗎？別人會有興趣嗎？別人會不會嘲笑呢？這種敏感其實是多餘的。爲什麼？因爲一般人都是「自我中心的」，聽你說話時往往想著自己的事。既然別人對你的興趣那麼有限，你說什麼也就不那麼重要了，如此一想，何必緊張？你未免有些自作多情了。

於是，我從同學閒聊開始，練習對小圈子的聽衆說話。當然，說話須有內涵，內涵要求自己加倍認眞思考及學習。等到眞正有話要說，並且這些話具有一定的價值時，自己的信心就提高了。我由此學會「愼言」，珍惜語言的使用。別人由此認爲我不大說話，一說話就有內涵了。

完全矯正口吃，是在我念完耶魯大學的博士學位回國以後。那時我已有充分自信，並且年齡漸長，面對年輕的學生，也不再有恐懼或緊張的感覺了。有趣的是，許多口吃患者可以唱歌，也可以向小孩流利說話。如果能把聽衆看成友善的小孩，或者有心聽你唱歌的人，那麼口吃就消失於無形了。心理重建的意義在此。至於長期適應，則是指：九年的口吃大概也需要九年的調適，才能逐漸恢復正常。因此，不必心急，至少對自己要有耐心。

以上僅就記憶所及，略述自己一段口吃矯正的經驗。我的作法對別的患者是否有效，實在無從得知。但是，在說話不便時，多從事內心世界的開拓，則是我們至少可以努力去做的。

每個人都是自己命運的建築師。

——古羅馬歷史學家　沙拉斯特

可敬的范校長

由范校長一生行誼看來，我在初中一、二年級所見的只是吉光片羽。但是，那兩年內所受的啓迪與陶冶，卻是我往後奮鬥的基石。

民國五十一年秋，我從桃園縣觀音國小畢業之後，雖然考取了省立中壢中學，但是父母希望我遠赴新莊，到天主教所辦的恆毅中學就讀。我在數代信仰天主教的家庭中成長，自然唯父母之命是從，何況新莊位於臺北縣，是我這個鄉下小孩不曾到過的大都市。

初到恆毅，校長正是范文忠神父，他的身材壯碩魁梧，沈默時不怒而威，說話時斬釘截鐵，有如教堂中神父的講道。不僅學生遠遠看到他的身影，就趕緊避開，連老師們見了他，也頗有侷促之感。他住在校內，每節課都親自巡堂，手中拿一塊竹板，遇有學生不守規矩，立即略施懲戒。恆毅於民國四十六年創立，幾年下來，管教成效有目共睹，成爲私立學校中的代表之一，聯考的升學率也相當可觀。私立學校所收的學生，不少是聰明活潑的，但是對念書考試卻不大靈光。范校長以嚴管勤教爲原則，讓恆毅在短短數年內，樹立優良校風，對教育界有其一定的貢獻。

我念初中一年級時，還患有嚴重的口吃，上課時根本沒有辦法說話，所以只好專心念書，以考試成績來平衡內心的自卑感。那個時候，看到校長，覺得他威嚴赫赫，自然早就躲到一邊去了。第一次月考的成績公布時，我得了全年級第一名，學校照例是要頒獎的。我從范校長手中接過獎狀時，覺得他看我的眼神溫和多了，心中頗感快樂，但是如果我平日在校園內遇到他，還是避開爲妙。我這個鄉下小孩不懂如何應對，說話又有困難，何必自找麻煩呢？

當時恆毅中學的主任與老師多為一時之選。教務處孫澤宏主任與訓導處張金賞主任，不過是三十多歲的年紀，做起事來一板一眼，信心十足，我們這些中學生對他們敬畏有加，總覺得自己應該學習及改善的地方比比皆是。我在幾年前返回母校探望孫主任時，還是畢恭畢敬的，因為看到他就會想起自己年少時的幼稚及各種毛病。不過，奇怪的是，我現在也是四十多歲的中年人了，想起中學時代的老師，仍然覺得不如他們在為人處事上的穩健與高明。或許是小時候的記憶實在太深刻了吧！

對主任們的印象如此，對范校長則更有過之。看到他，就覺得天下沒有什麼事可以令人煩心。他說了，就算話，問題就自動解決了。初一暑假時，范校長到觀音參觀燈塔，認識了家父，也談到了我念書的情況。但是，我並未因而就有勇氣在校園中向他請益。可惜的是，初三的時候范校長功成身退，離開了恆毅中學。最近收到訃聞，謂范校長已經過世，我幼時念書的記憶又活躍起來，內心充滿感恩與懷念。由訃聞中，我這個後生晚輩才知道從前敬畏的校長的行誼。范校長生於民國三年，自幼領洗入天主教，高中畢業後加入主徒會（這是創辦恆毅中

學的修會），在宣化市攻讀哲學與神學。三十三年晉鐸為神父，並考入北平輔仁大學教育系。先後擔任北平市鑄新、立德小學校長。三十八年來臺後，擔任華山天主堂主任司鐸，旋即掀起慕道熱潮，領洗教友的數字直線上升，他並遠赴新竹傳教，同時亦兼主徒會院長及臺北教區副主教。他於四十六年到新莊創立了恆毅中學，憑其專業知識及苦幹精神，經過了多年的慘澹經營，為恆毅中學奠下穩固的基礎。後來又轉到自由（光啓）中學及磐石中學擔任校長。離開教職後，潛心學習臺語，並先後到澎湖白沙、臺中草屯等地傳教，成績斐然。

由范校長一生行誼看來，我在初中一、二年級所見的只是吉光片羽。但是，那兩年內所受的啓迪與陶冶，卻是我往後奮鬥的基石。我常記得他身著神父的黑袍，站在講臺上，諄諄告誡學生的情形。他最喜歡引述一段校名的解釋：「恆為成功之本，毅乃失敗之敵。」這兩句話成為我的座右銘，終身奉行。我也願意在紀念范校長時，以這兩句話獻給有心向上的年輕朋友。

教育是條漫長的道路，榜樣是條捷徑。

——古羅馬哲學家　賽涅卡

從自我出發的人生觀

我們每隔一段時間，會發現自己的位置調整、改變了，因爲位置是相對於人際關係與社會結構而定的。既然位置會更改，取向就十分重要了。

人生觀是一個大標題，有資格談論的都是一些宗教家與哲學家；但是，今天的時代演變爲個人自主性受到高度重視，以致如果忽略「自我」，就有憑空玄想或唱高調的嫌疑了。的確，每一個人都應該爲自己負責，努力建構一套合乎情理的人生觀，否則無以肯定生命的意義與價值。至於如何建構，則可以參考以下幾項要點。

首先，第一步是「自我認識」。希臘戴爾菲神殿上刻了一句警世名言：「認識你自己。」能夠刻在神殿上的句子，當然深富啓發性，就是要提醒世人，若不認識自己，則生命將是一片空白。那麼，如何認識自己呢？

方法有二：一是靜態的反省，包括從事心理測驗、性向測驗、星座與八字的分析等。這些資料是根據歷史上累積的經驗分類而成的，應有大致的可靠性，但是還不足夠。二是動態的回應。這個辦法比較特別。借用《開拓創意心》一書的提問法，我要常常問自己：

「我對什麼樣的事情，覺得不安或深受感動？」

「我所見過、讀過或聽過的人當中，誰的生活使我覺得很有價值？」

「我對未來是否充滿憧憬？或者感到害怕或沮喪？我要如何變得樂觀一些？」

「我是否覺得生活充滿意義？儘管有許多問題、痛苦、煩惱，我是否仍然能夠歡喜過日子？」

「我是否覺得自己一直在進步？或者，我是否想要冒險，去進一步探索陌生的事物與環境？」

「在實現我的各種目標後，我是否會有滿足感？或者，我一直在追求虛幻的目標？」

「我是否擁有精神生活，由此幫助我知道如何活得更有意義？」

這一系列問題正是探索內在自我的契機，其考慮的焦點是：自我如何發現眞正的需要，以便立定志向，開拓一個屬於自己的人生。換言之，自我固然有靜態的構成條件，但是它的動態的發展方向扮演更重要的角色。古人念書，首重「立志」，原因即在於此。所立之志須與內在自我的要求配合，不能隨俗從衆。

其次，第二步是「自我定位」。「定位」一詞的英文較爲明確，就是orientation，它兼具「位置」與「取向」雙重意思。我們每隔一段時間，會發現自己的位置調整、改變了，因爲位置是相對於人際關係與社會結構而定的。既然位置會更改，取向就十分重要了。譬如，儒家講究教育、鼓勵人行善避惡，那麼，什麼是「善」呢？善是「人與人之間適當關係之實現」。如何判斷「適當關係」？這就涉及定位問題了。每一個人都在社會上扮演多重角色，這些角色都是活潑的，充滿變數的。那麼，變動的方向何在？

現代人喜歡設計生涯規劃，每隔幾年就計畫新的目標與成就，如果這時把方向定在外在的事功，總有遇到瓶頸的一天，或者總有一天會退休，下一步怎麼辦呢？想到這一點，就應該及早把焦點拉回內心，計畫一些「知、情、意」方面的未來。沒有內在自我的正確觀念，人的生命難免隨著外在變化而浮沈。反之，歷史上成功的人都是看清目標之後，以堅定的意志前進，中間即使遭遇了挫折與打擊，也不會感到迷惑。他們都是能夠「自我定位」的人。

接著，第三步是「自我成長」。前面一再談到人生是動態的、開展的，那麼應該往哪裏成長呢？身體的成長是本能的表現，並且成長到一定階段就會走下坡。事業的成長是人人嚮往的，不過變數太多，有時奮鬥多年、一無所成，有時順風造勢，飛黃騰達，但是人間沒有任何事業是永遠在成長的，我們又怎能寄以全部希望？

換言之，自我成長的不二法門，還是在於「知、情、意」這三種潛能的開發。以「知」來說，我們離開學校之後，沒有老師的指導與敦促，沒有同學的切磋與比較，自己往往鬆懈下來，除了本行專業上的進修之外，很少還有求知計畫的。事實上，求知的樂趣在於自己主動設定計畫、在穩定的心情中，「日知其所亡（無），月毋忘其所能。」幾年之後心得漸深，配合人生體驗，見解自然不凡。尤其是求知的內涵如果側重於「人文」，對文學、藝術、哲學、歷史、宗教中的一門一類，稍作系統性的探討，更可以感受知性生命的迅速成長。孔子強調的「益者三友」中，「友多聞」就是其一。

以「情」來說，這是指審美品味的提升。我們不必成為藝術家，但是卻不能錯過欣賞藝術作品的機會。在審美過程中，我們的心靈暫時擺脫「功利」與「實用」的考慮，可以回顧原始的、整全的狀態，感受物我合一的自在與喜悅。譬如，我在發現自己最愛的一首樂曲之後，就可以在勞累、煩惱、苦悶時，隨手打開CD，讓它像好友一般立即環繞在我身邊，使我忘卻一切不如意的事。這是生活的調劑與休閒，也是心靈再出發的準備與動力。當然，情的世界還包括人際關係，如「親情、友情、愛情」，在這方面的成長空間是無限的。其特色是需要關係雙方一同努力，否則不易看到明確的效果。

以「意」來說，人的意志每天都在抉擇行動，在抉擇過程中，逐漸塑造了人格特質。譬如我們周圍有些人深具愛心，有些人見義勇爲，有些人彬彬有禮。他們的表現是長期抉擇的結果，既不是天生的，也不是僥倖的。那麼，我們要往什麼方向成長呢？前面談到的「立志」，只是出發點，經年累月下來，我們對自己的現況滿意嗎？儒家所謂的「人人可以成爲聖賢」，聽起來難如登天，其實日月行之，也未必不能做到，至少可以「取法乎上，得乎其中」，雖不中亦不遠矣。如果缺乏這種決心與毅力，安於故習，恐怕我們內心也會覺得不滿的。

最後，第四步是「自我超越」。一般心理學家喜歡強調自我實現，就是要把天賦的潛能加以實現，但是不管如何實現，都是以「自我」爲中心、爲前提，而不能超越自我的世界。在此，自我超越是更高的目標，它有兩層境界：一是化解自我中心的執著；二是提升小我爲大我。譬如有人信仰宗教，其優點是虔誠行善，其缺點是自命爲義、排斥他教。連信仰這麼美好的事，都難逃執著的束縛，又何況其他的處境？

化解執著有各種不同的方法，最自然的是一句法國諺語所說的：「了解一切，即是寬容一切。」設身處地爲別人著想，就比較容易了解別人的心境，了解之後就不難諒解與寬容了。經過長期的修養，小我可以提升爲大我。大我也有層次之分，譬如，一個人爲他所鍾愛的社團而犧牲奉獻，這個社團就形同他的大我。推而廣之，大我可以演變爲整個社會、國家、民族、人類、世界、宇宙等，到了最高境界，則是莊子所謂的「天地與我並生，而萬物與我爲一。」古今中外能夠抵達這種境界的人不多，但是這並不表示我們一定做不到。人生觀在此就與宇宙觀結合爲一了。

以上所論的四個步驟，雖然形成一個整體，但是亦有前後相續的關係。譬如，在青少年階段，最需要做到的是「自我認識」；到了就業上班階段，則須「自我定位」；漫漫長期的中年階段（大約由三十五到六十五歲），如果忽略了「自我成長」，則是無可彌補的損失。然後，到了晚年，經驗由圓熟而生智慧，就要努力「自我超越」了。同一個自我經過這四個步驟，有如經歷一番大工程，最後成就的是一個理想的人生。

人生因爲有限，所以特別值得珍惜。人生更因爲是「自我」在活，所以不容

虛度。這個自我是每一個人責無旁貸的使命。從自我出發，建立正確的人生觀，然後念茲在茲，終究可以度一個讓自己滿意的人生。

人人都想改變這個世界，卻沒有人想改變他們本身。

——俄國小說家　托爾斯泰

生存需要勇氣

當代哲學家，從齊克果、尼采，到卡繆與沙特，都曾宣稱：勇氣不是要我們取消絕望，而是說，即使絕望存在，我們也有能力繼續前進。

我們對「轉型期」一詞已經聽膩了，但是依然不清楚方向何在。過去的已成昨日黃花，現在的有如指縫流沙，未來的又有誰能保證不是一廂情願呢？如果以爲只有臺灣如此，那就大錯特錯了。試問各國強權領袖，誰在掌著地球的舵？相對於民主的澎湃浪潮，世界局勢每隔五年、十年，就出現起伏動盪，但是民主所代表的群衆意見，又何嘗具有「自知之明」呢？

危機重重使得人心惶惶。「苟全性命於亂世」，似乎成爲智者之舉。但是，我們難道就此放手不管，好像承認自己失敗，不再與命運搏鬥？面對世間的不義與惡行，我們只能藉著小說與電視來自我安慰？或者，我們可以讓子孫嘲笑，自甘於「茫然的一代」？這些反省的結論是明確的：不可如此。

那麼，轉捩點何在？沈思之後，再起的動力由何而來？在於「勇氣」。藉著勇氣，我們保存了敏感的心靈、清醒的意識與負責的態度。敏感是對周遭的事件與人物而生的反應，清醒是內在自覺的能力，負責則是行動的保證，表示願意參與，共同塑造新的生活環境、社會風氣、未來世界。不過，勇氣又是什麼？

首先，人人都有挫敗的經驗，由此陷於低潮、無助、自憐與絕望。在科技發達的工商社會裏，個人的無力與無奈是普遍可見的現象。面對龐大機器，一顆螺絲釘能起什麼作用呢？然而，反過來想，如果諸事順遂、形勢大好，又何必需要勇氣？若無勇氣，則生命潛能無法受到鍾鍊，只能在安逸中得過且過。當代哲學家，從齊克果、尼采，到卡繆與沙特，都曾宣稱：勇氣不是要我們取消絕望，而是說，即使絕望存在，我們也有能力繼續前進。

其次，勇氣不是指個人的頑固態度。堅持原則，難免表現固執的立場，好像「雖千萬人，吾往矣！」但是，在此有一前提，就是溝通與共識。世界是人群組成的，在屬於個人偏好方面，不妨各行其是；遇到與人有關的事，就須考慮「恕」道。「如心爲恕」，表示推己及人，互相爲對方設想。但是，不能走向另一極端，成爲折衷妥協、是非不分的鄉愿。原則在於眞誠，忠於內心的感受。

因此，勇氣的必要條件是：在生命中有一個重心。若無重心，人只不過是空殼子，或者像風箏一般，即使飛得再高，也沒有自主性，不能自己決定要怎麼飛。內在的空洞，會演變爲外在的冷漠，因爲沒有任何必須堅持的理想。冷漠到了某一程度，就無異於懦弱了。

「勇氣」在英文是「courage」，與法文的「心」字（coeur），同出一源。就像心臟把血液送到四肢與腦部，使這些機能得以運作，勇氣也使心靈方面的一切品德得到動力。若無勇氣，一切價值都會萎縮，成爲幻影。因爲，勇氣不僅是人生重要品德之一，更是其他品德的基礎與支柱。若無勇氣，仁愛即將褪色，甚至淪爲依賴；若無勇氣，忠信亦難堅持，然後變爲妥協。

希臘時代的「四基德」與我國儒家的「三達德」之中，都有「勇」在內，並非純屬偶然。在人類身上，唯有勇氣能夠帶來存在與成長。如果自我想要落實，就必須有明確的立志與抉擇。這正是人與萬物的差異所在。橡子長成橡樹，是憑藉自動的生機；它不需要任何立志。小貓也是靠本能而成長的。在這些生物中，自然本性與生存發展是一致的。然而，一個人若想眞正成爲人，只有憑藉自己的抉擇，以及對此一抉擇的投入與堅持。

我們每天都在選擇與決定，由此展現的行爲正好代表了我們的意義與尊嚴。勇氣則是所有選擇與決定的動力。有選擇，就可能犯錯；但是，不選擇，根本放棄了自己的存在價值。因此，存在需要勇氣。若無勇氣，生命將黯淡無光。

要使生如夏花之絢爛，死如秋葉之靜美。

——印度詩人　泰戈爾

在生命歷程中品味快樂

生命不是無盡的重複，更不是生老病死所決定的行程，而是必須藉著生命去完成一項特殊的使命。

每當有人問我爲什麼念哲學時，我都不厭其煩地說明：是受到宗教信仰的影響。這種影響只是出發點，好像提供了跑道，可以讓飛機上天遨遊。飛機終究會平安降落，但是它飛經何處，欣賞了多少美麗風光，則是無法事先預測的。我由於身歷其境，不易評估好壞，只能如實介紹一些過程。我要堅持的一點是：宗教信仰原本屬於人類「傳統」的一部分（甚至是核心部分），因此除非否定傳統，不然就沒有理由批評「以宗教爲出發點」這種現象。

哲學確實是依「理性」而開展的學科，因此它可以做爲一門客觀的學問，在大學校園中講述及討論。它的角色接近人文科學中的文學、藝術、宗教學，若是對哲學感到捉摸不定，其原因並非哲學有問題，而是人文科學的特色正在於其中含有「人」的成分。人想要了解自己，又豈是一件容易的事。

西方當代的詮釋學主張：傳統是我們理解一切現存事物的「切入點」，它的角度必有某些傾斜，否則如何進入廣大無邊的過去、現在與未來？我們使用的語言文字，正是傳統所提供的要件，因此，往往在未經同意或未及選擇的情況下，我們已經邁開腳步，跨入人間世了。然而，歲暮天寒時，作一全面反省，或可更深入了解自己的人生。

一、幼年的導向

從有記憶開始，生活中兩個最明顯的建築物就是燈塔與教堂。由於家父在燈塔工作，經常巡迴輪守於各燈塔之間，我們家人也跟著四處遷徙。尚有印象的燈塔是：綠島、彭佳嶼、國聖港、基隆、花蓮，以及念小學就定居的白沙岬燈塔。白沙岬燈塔位於桃園縣觀音鄉觀音村。靠海的地方總是比較偏僻，但是白色的燈塔在任何地方都有「自成中心」的高高聳立的架勢。

燈塔的工作人員就住在燈塔四周的圍牆之內，牆裏牆外所分隔的兩個世界，在四十年的時空變化中，似乎是臺灣社會外省人與本省人關係的寫照。我是外省人第二代，信的又是天主教，當然不易與名爲「觀音」的地區的老百姓找到太多交集點了。小學同學只是一起念書的朋友，談不上深刻的交往。心靈的安慰與生命的重心則完全依靠教堂。

每逢星期天，全家人照例穿上整潔的衣服，步行半個小時，到教堂望彌撒。我的幼年生活正是標準教友所經歷的成長過程。聽道理、辦告解、領聖體，隨著大人唱聖歌，念福音。早期還是拉丁文彌撒，神父念念有詞，教友不懂意思，但是正因爲不懂，更顯得神聖莊嚴。生命裏面若是毫無奧祕可以仰望，誰能忍受現實世界的無聊與無奈？後來改用中文彌撒，一切豁然開朗，教友就須在參與感中

培養自己的體會了。

從無間斷的主日彌撒，使我的生命形成自然的周期。星期日是假日，假日應該休息，休息的目的是要與神重建或重溫關係，好像找到源頭活水，可以繼續支撐我們走在人生的艱難道上。生命不是無盡的重複，更不是生老病死所決定的行程，而是必須藉著生命去完成一項特殊的使命。這項使命在我幼年時就口誦心維：「恭敬天主，救自己的靈魂。」

原則很清楚，如何實踐呢？現實人生的遭遇與試煉，哪裏是青少年所能想像的？我後來在《人生問卷》一書中，反省自己今生最感激的三件事：一、生在一個有信仰的家庭，使我白白得到許多人一生追求的恩典。二、生為一個中國人，使我可以享受豐富而卓越的文化資產。三、有緣研究哲學，探討及了解各種重要的人生問題，並且以教哲學為業。

二、哲學的啓迪

宗教的薰陶使我很早就發現：除了研究哲學，設法了解宇宙與人生的根本道理，其他的學科已經引不起我的興趣了。高中畢業後，我以輔仁大學哲學系爲第一志願，接受以士林哲學爲基礎的專業訓練。哲學以理性爲工具，對於宗教不能武斷地肯定或否定。直到今天，還有些人擔心：個人的信仰會不會影響哲學思考？我的心得是：在理性的範圍之內，必須客觀、講理，有幾分證據說幾分話；在理性的範圍之外，則須依賴個人的直覺、感受、抉擇與信仰。

不過，哲學的思考習慣與傳統的宗教崇拜儀式之間，難免會有一些緊張關係。我在大學畢業之後，到臺大念研究所，後來出國念博士，走的路子已與宗教脫節，變成純粹的念書謀生，求其立足於社會了。我的靈修生活乏善可陳。父母常爲我祈禱，但是我內心的宗教熱忱無法激起具體的行動，只能找個藉口，說是以認眞教書來做爲信仰的見證吧！

教書多年，我對中國傳統的儒家思想已有獨到見解。在許多公開演講的場合中，我表明自己信的是儒家與天主教。這兩者會不會衝突呢？不會。儒家告訴我「生死之間」的人生哲學，天主教則啓發我「生前死後」的眞理。做爲個人內心珍藏的信仰，我經常回味耶穌所說的比喻，由此決定大體的人生原則；但是身爲大學教授，所談的應該是理性範圍之內的東西，這是聽衆的預期，也是我的自覺。光靠到處宣稱我是教友，並不能引人歸向基督，重要的是我眞正做了什麼。信仰若無行爲，根本只是口號，而行爲又是終其一生無法盡善盡美的。我自小養成反省與懺悔的習慣，常自認缺陷重重，又哪裏敢到處張揚信仰？

三、未來的規劃

在耶穌的比喻中，我最常引述的是「浪子回頭」。多年以來，我習慣以自己爲俗世的教授、儒家的學者，我知道自己所講的與所寫的都是「善的道理」，對社會教育也盡了一分力量。但是，正如聖多瑪斯晚年面對自己一大堆著作時，覺得那些都是廢紙一般，我也明白從信仰的立場看來，自己的所作所爲全屬虛幻。

就像浪子分得了家產，到外地揮霍一般，我也是在揮霍自己的恩寵，但是，差別在於：我知道浪子的故事，所以警惕自己凡事都不要太過分，不要揮霍得太快，看看能否在揮霍的同時，也積德行善、愈顯主榮。只要有人問到，我從不猶豫表白自己的信仰，但是我又知道：一點世俗的浮名虛譽如何可能增益那勝過生命的信仰？田野裏的百合花也勝過所羅門王最華麗的衣裳！世俗所謂的成就，在信仰的尺度上往往只是絆腳石啊！

也許從小的信仰已經根深柢固，使我覺得世人都是等待回頭的天涯浪子。回頭是一個轉向，更是一條漫漫長途，我在內心深處隱隱知道自己終究會回頭的，但是時機仍是一個謎。謎的表面是人間多難、世路多歧，謎的裏面是我對世人的不忍之心，明知它微不足道卻又無法克制。

於是，像我這樣一個有名無實的基督徒能作什麼見證呢？又能奢談什麼生涯規劃呢？因此，我會繼續承擔自己的社會責任，做好教學、研究、寫作、演講的工作；退休之後，我將會以從容的步調，沈思人生的關鍵問題。我尊重別人的信仰；看到虔誠的信徒，就覺滿心欣喜。我只盼望自己的期許不會落空，就是有一天可以重新感受幼時主日上教堂路上那種愉悅的心情。

這種奢望並不表示我對自己目前的生涯型態，有任何嚴重的不滿。就像西方神話中的普羅米修斯，每天都會生出新的肝臟，再慘受老鷹的啄食。苦雖多於樂，但是每日清晨重見陽光，得到繼續奮鬥的啓示，難道不是人生的意義所在？卡繆在《西齊弗斯神話》中，以西齊弗斯（Sisyphus）推石上山爲比喻，描寫現代人生的無奈與荒謬，但是在結尾時他說，「我們應該想像西齊弗斯是快樂的。」理由是：他知道自己爲何受此折磨，一旦知道就可以坦然接受，不再怨天尤人。人無不希望快樂，但是快樂並非隨手可取的禮物，而是必須在生命歷程中不斷加以品味的。我由信仰與哲學的立場反省人生，自可分辨苦樂，自求多福了。

青年人要有老年人的沈著，老年人應有青年人的精神。

——美國小說家　海明威

拯救自我

如果用心，不難聽到眞我的聲音。眞我提醒自己什麼是眞正值得的目標。

如果不引述學派，不賣弄術語，只就個人當下反省的心得來看，「自我」有三層面貌：一是外在的形象，由別人眼光中的自我所綜合而成。二是自己內在的主觀認定，這種認定可能會受別人的影響，但是畢竟還有「自以爲是」的成分。三是心底深處的自我，這個自我與別人有相通的能力，甚至與宇宙萬物都可以產生共鳴。

我們平日生活，往往靠著外在我與內在我聯合起來，一起面對世界，經常忘記了眞我或心靈我的存在，以致常有落寞的感受。得到的越多，失去的也越多。但是，平白無故要人認眞對待心靈我，卻又有些困難。原因何在？在於生活只是由習慣在主導與重複，累積了一層層的心理防衛作用。雖然明知山下有塊大石頭，等著我們日復一日的去推向山頂，我們還是像命運注定的西齊弗斯一樣，踩著沉重的步伐，走向巨石。

防衛是爲了保護，既定的命運雖然使人不耐，但是已知的一切總是較爲熟悉的。何必去反抗？何必去突破？在黑暗中躍向彼岸，固然是勇敢的表現，但是眞有彼岸嗎？換個方式來說，當我盡量擺脫外在我的束縛與壓力，並且辨明內在我的虛僞與自憐，然後呢？誰能保證一定可以獲得可貴的眞我？並且，即使展現了眞我，就一定可以得到快樂嗎？也許那種快樂與我現在所企求的快樂，是不同性質的，那麼，我如何確知自己一定會喜歡呢？

這一系列的問題應該都有合理的答案，但是關鍵在於：沒有人可以代替我自己回答。理論上的敘述與闡釋，有時更增加了困惑，學者專家的卓見在這些問題上是無能爲力的。那麼，轉向寓言體裁求援吧！以一種聽故事的心情，像小孩子在童話世界中從事心靈探險一般，我打開了《爲自己出征》這本小書，一口氣念完整篇故事。但是並沒有隨手丟開，卻有了再念一遍的衝動。念了第三遍時，才能且讀且思，可以綜合提出一些心得。

故事的主角是一位武士，整天穿戴盔甲，到處去救人。他想證明自己是「心地好、善良、充滿愛心」的人。久而久之，他的妻子與兒子都看不到他盔甲下的眞面目，他自己也忘了自己的長相。問題十分嚴重。他決心脫掉盔甲，到森林去請教法師。

我們在人間，常以外在我的表現來決定內在我的性質，進而根本遺忘了心靈我。人生的過程，無異於自我遺忘的過程，等到察覺困境，往往已是中年階段了。那麼如何找回自我呢？法師讓松鼠與鴿子扮演嚮導，暗示武士大自然的啓發是値得參考的。不過，解決困難仍然要靠自己。他必須通過三座城堡：沉默之堡、知識之堡、志勇之堡。顧名思義，人在「沉默」中，必須面對自我。當外在的嘈雜平息時，內心的茫然不安浮現了。如果用心，不難聽到眞我的聲音。眞我

提醒自己什麼是眞正値得的目標。武士爲此痛哭流涕，淚水卻腐蝕融化了頭盔，他的頭部不再受拘束了。

「知識」是大家可以分享的，但是若無自知之明，博學又有何益？如果無法認清「需要不等於愛」，也就不可能以適當態度與人相處。需要是一回事，愛是另一回事，需要可多可少，愛卻永遠是人人珍惜的。像這種正確的知識，就會帶人走向愛之道。「志勇」是指志氣與勇氣，用以克服疑懼之龍。人生不能沒有疑懼，最大的疑懼正是喪失自我的立足之地。不過，越是如此，越容易受制於疑懼。唯有無私忘我，有如「置之死地而後生」，才能擁有眞正的自我。

經過這三座堡城，武士身上的盔甲全部掉落，重新得到自由的生命。我們是否也能經由沉默、知識與志勇，擺脫外在我的束縛，調整內在我的成見，讓心靈我自由展現，活出一個有愛的人生呢？這是每一個人的挑戰。

被人揭下面具是一種失敗，自己揭下面具卻是一種勝利。

——法國小說家　雨果

Part 2

傾聽內心，而不是顧慮雜音

人的內心怎能避免喧囂？喧囂是雜音畢現，
那麼，如何使雜音調和為協奏？
首先要畫定心靈的領域，不必「向不可能挑戰」，
對於「可能性」則要辨別輕重緩急。

我嚮往的生活

在十二人座的小飛機上，一位同機美國乘客問我赴美理由。我答以「到耶大念博士。」他立刻豎起大拇指，連說：「太棒了，太棒了。」

某日，晨起閱報，見《聯合報》繽紛版刊出一篇題爲〈美國教授薪水高？〉的文章，專欄名稱是「現代人的大夢」，顧名思義，作者蒐集現代人的夢，再解析評論一番，那麼，這次談到什麼人的夢呢？全文開頭寫著：

「國內有個大學教授說：『最嚮往美國大學教授的生活。薪水高、雜事少，可以很隨性地做自己想做的事，而且受人尊重。』」

糟糕，這段話好像是我說過的。該文作者不提文章出處與教授名字，恐怕是爲了避免麻煩。在我記憶中，我這段話是訪問所說，刊於《中國時報》上。現在，有人爲我解夢，豈不値得拜讀？

該文作者的剖析十分清楚，就是我的夢只對了一半。對的是「雜事少，可以做自己想做的事」；錯的是「薪水高，受人尊敬」，錯的理由何在？

第一、美國教授月薪四千美金，但是只發九個月，賦稅高達百分之二十八。平均下來，每月合臺幣五萬元，作者補充說：「這裏所舉的數目，約略是一般州立大學助理教授級的薪資。」

第二、教授受人尊重嗎？作者以一個實例來證明。他向一個美國朋友說：「我們中國人滿尊敬老師的。」朋友聽了哈哈大笑，一副很不以爲然地搖頭說：「尊敬老師？美國人從沒聽說過這回事。」

這兩段理由當然有些根據。但是我要指出：

第一、我這個夢，其實是就我的當前處境所提出的嚮往，而絕不表示我有任何移民念頭。

換言之，我是希望臺灣的大學教授也能享受美國教授的待遇。但是，由於我在留美四年期間，所念的是長春藤盟校的「耶魯大學」，因此心中列爲楷模的自然是耶大的老師，尤其是幾位實至名歸、備受敬重的「講座教授」。我怎麼可能會嚮往州立大學的助理教授的薪水？

那麼，以自己母校的講座教授爲嚮往目標，有何不可？他們的待遇如何？我的意思是：「薪水高，雜事少」是相互爲用的。生活有了保障，自然減少雜事，專心治學。這樣的教授不必到處演講與寫稿，也不必出版通俗作品，只要領導學術研究即可，豈不令人羨慕？我下定決心在幾年後專心治學，也是因爲自己已經盡了一些社會責任，同時在經濟上較無後顧之憂，然後可以學習我在耶魯的老師們，潛心於教學與研究。當現有的條件不理想時，我只好自己創造可以安居樂業的生活，如此而已。

第二、教授在美國是否受人尊重？該文作者舉例時，所談的是「老師」，或許是指一般泛稱的「teacher」，那麼老師做爲一項職業，有無較優越的地位？他的美國朋友說：「美國人從沒聽說過這回事。」由這句話就知道他是「信口雌黃」，因為「美國人從沒」是全稱否定命題，若要成立，必須證明「美國人」與「尊敬老師」是水火不容的。我想，歷史上再怎麼野蠻的民族，都不會承認自己的民族性與「尊敬老師」是矛盾的。

當然，我不必抓住一句情緒語言大作文章，只須找到一個美國人「說過」或「聽說過」尊敬老師即可。該文作者竟然舉此無聊的例子來證明美國教授不受尊重，實在有虧專欄作家的職守。

猶記得我在一九八〇年赴美念書時，到了紐約機場再轉乘小飛機到耶魯大學所在地的新港（New Haven）。就在十二人座的小飛機上，一位同機美國乘客問我赴美理由。我答以「到耶大念博士。」他立刻豎起大拇指，連說：「太棒了，太棒了。」

這個美國人的反應說明了什麼？連大學生與研究生都值得肯定與尊重，何況是教授？

每一個人在談夢時，都有自己特定的場景與圖案。我沒有特別標明自己嚮往的是耶大教授的生活，難免受人誤解。但是「爲人解夢」而信口開河到這種地步，畢竟太離譜了。

噴泉的高度，不會超過它的源頭。一個人的事業也是如此，它的成就絕不會超過自己的信念。

——美國政治家　林肯

我的生涯與規劃

四十五歲以後，計畫在教學與固定寫作的時間之外，盡量用於研究上。我的奢望是：兼顧中西方哲學。

個人的生涯規劃，不足為外人道也。天下大事豈是一二書生所能左右？我們何其有幸，生在一個自由民主的社會，人人都有充分的自主權；又何其不幸，生在一個價值混淆、群眾喧譁的時代，以致再有理想的人也不得不坦承心餘力絀！越是處在這種環境，越需要妥善思索及安排自己的行程。我以儒家自期，根本心態是「看得破，放不下」。孔子說：「知其不可」，這是看得破；他又說：「而為

之」，這是放不下。人的一生，無不深受父母、親友、師長、同學、朋友、人群、國家的大恩，因此，步入中年時，稍有立足的憑藉與學思的心得，怎能自求多福、罔顧一己的責任？這是我此刻的心境。但是，長此以往，鞠躬盡瘁，卻又不是合宜的作法。原因何在？

我的念書期間較長，一直到三十四歲獲得耶魯大學博士學位才告一段落。博士學位使我取得在大學教書的資格，光是認眞研究、教學，也可以說是各盡所能了。然而，因緣湊巧，我有機會以演講與寫作來回應社會的需要。心理學家說：「一個人在被需要的時候，才能肯定自己的重要。」我同意這種說法，但是自覺已經可以超越「別人的期待」，而主要是爲了自己的使命感在做這些事了。

我的物質欲望極低。住的是臺大宿舍，乘的是公車與計程車，從不穿名牌衣服，吃東西則毫不挑剔。但是我心懷感激，時常感受生存的喜悅。我的演講與寫作應接不暇，只好以價制量，雖然這幾年收入較多，但是每一塊錢都是艱苦的成果，並且依法納稅。從小以來，我就知道自己的承受限度。在美國念書四年，每日力拚十二小時，最後趕在身心崩潰邊緣，完成學業。回國之後，每日工作十小時，由於壓力較小，並且工作本身帶來許多樂趣，所以可以持續較久，但是，從三十四歲到四十五歲，十一年應該是極限了，我恨清楚自己重新接近了身心張力的極限。

目前我的座右銘是「從容」，顧名思義，當然是提醒自己保持均衡的身心狀態。朋友勸我，不妨逐漸減少工作量，而不必輕言退出江湖。我何嘗不希望如此？但是，生性不宜三心二意，何況學術研究必須長期專注才能稍有心得。並且，我所謂退出社會服務的陣線，是就演講而言，在寫作方面則是量力而爲，寫多少算多少。

四十五歲以後，計畫在教學與固定寫作的時間之外，盡量用於研究上。我的奢望是：兼顧中西方哲學。我在西方哲學的研究上，早就明白自己的分寸，只想做到忠實理解、清楚表述，若有心得，則可從事中西對比。在中國哲學方面，由於文字閱讀的便利，我希望可以對儒家與道家作系統的研究。同時，自己簽約多年、早該完成的幾本書也要陸續寫成。

在教學方面，我將轉移重點到研究生身上，與他們共同努力，希望造就傑出的新進人才。方東美先生說：「一個老師如果不能培養出勝過自己的學生，實在是一大遺憾。」這句話應該可以列爲所有老師的座右銘。唯有如此，代代相傳，並且一代勝過一代，我們的國家才有希望。閉門反省時，發現自己過去確實做了一些有意義的事，但是人生苦短，學海無涯，我必須毅然選擇一條自己最能揮灑的道路。這一點小小心意，相信能得朋友們的了解與接納。

人生不是一枝短短的蠟燭，而是一枝由我們暫時拿著的火炬。我們一定要把它燃燒得十分燦爛，然後交給下一代的人。

——英國劇作家　蕭伯納

我的三不主義

我的「三不」是：不搞政治、不上電視、不應酬。

關於「三不」這兩個字，大家耳熟能詳，幾乎在任何地方都用得上。至於「主義」一詞，則不必嚴肅看待，它可以泛指「持之有故、言之成理」的任何一種想法及態度。我最近幾年能夠專心做自己喜歡的事，正是得力於「三不主義」。

我的「三不」是：不搞政治、不上電視、不應酬。這三不聽起來有些奇怪，顯然需要稍加說明。一般而言，我們的行爲有大致的軌道，就像各行各業有不同的生活圈子，彼此之間未必能有交集合，甚至缺乏共同的語言。我是教書的人，怎麼會碰到「政治、電視、應酬」呢？

以「政治」來說，臺灣社會目前的「泛政治化傾向」十分明顯，在臺上露臉的大都可以分出政治派系。我並不反對別人搞政治，我只是覺得政治牽連太深太廣，一旦涉入就不易保持獨立的心態及判斷。因此，我的寫作及演講，從不涉及政治方面的題材。我個人從不參加政治人物的聚會。這其中還有一段小插曲。幾年前，一位教授想要競選中央委員，找了一百六十幾位大學教授簽名，結果照樣沒有被列入規劃名單。當時我也受朋友之託，勉爲其難的簽了名。事後看到自己的名字列在支持者之中，而被支持的人又堂皇落選，使我覺得自己像是一齣鬧劇的丑角。我自此愛惜羽毛，不再參加聯合簽名、爲人助選之類的活動。我是公民，有投票權，到時候自然會去投票；其他的交由選出的代表去負責。我不認爲這樣做是沒有盡到知識分子的責任。我認爲做好分內的工作，好好教書，就可以心安理得了。

其次，爲何提到「不上電視」呢？我平均每星期都會接到一通電話，要求我參加某一節目，談談某一題材。這些節目大都有些知性味道，需要一些專家學者現身說法。我拒絕參加，原因有三：第一，這些節目其實仍有娛樂導向，專家學者無異於作秀的藝人。作秀沒有什麼不對，只是不太適合我的個性。第二，受邀的專家學者常被分為立場不同的兩派，必須以觀念及言語互相較勁，有時候像是「觀念鬥獸場」中的武士，並未受到適當的尊重。第三，我有一個偏見，向來認為大家看電視是為了視覺享受而不是為了心靈成長。年輕人尤其喜歡品頭論足：「這麼老、這麼胖、這麼醜，還上電視！」我為了藏拙，當然設法逃之夭夭。人到中年，應該有權利也有能力選擇自己的舞臺，讓自己活得自在一些。

然後，我堅持「不應酬」，就不難理解了。但是，這是最難做到的。前幾年，我擔任一點行政工作；臺大校長接待的外賓中，偶有念哲學的，自然會安排系主任一起應酬了。現在我任期已滿，連這樣的應酬也省了，頗有一種解脫之感。官場及商界的人士必須應酬，這是天經地義；教書的人與誰去應酬呢？即使增加一些附帶的身分，如作家與演講人，我又需要與誰應酬？我若寫得不好、講得不好，應酬能幫上忙嗎？當然，這並不表示我關起大門，不再認識新朋友。我的想法是：交朋友必須「隨緣」，一方面因事而生緣，另一方面因緣而共事。平時大家各自忙碌，有事時自可相互呼應支援。至於朋友在休閒時相聚暢談，當然不能算是應酬，卻反而是求之不得的善緣呢！

由於上述「三不主義」，我省下許多心思與時間，可以選擇自己喜歡的生活方式。最近看「修女也瘋狂（II）」，其中女主角勸一個年輕人說：「如果你每天醒來第一個念頭就是唱歌，那麼就去好好的唱歌吧！」這是順著天性及心願而安排自己的生活。我呢？我每天醒來第一個念頭是「寫作」，不過其中有一點差別，就是我現在寫的都是固定的專欄，答應了就必須交稿，其中頗有一些壓力。我希望自己的念頭很快可以轉到「念書」上。如果不堅持三不主義，我如何可能長期念書與寫作？

每個人都有一定的理想，這種理想決定著他的努力和判斷的方向。

——德國物理學家　愛因斯坦

內心的喧囂

心靈越敏感，受的苦越多。

遇到「明顯而立即的」危機，內心總會陷於慌亂，一時之間手足無措。慌亂不是喧囂，因為外在的壓迫使人沒有反思的餘地。喧囂是吵吵鬧鬧、雜音畢現，表面也許平靜無波，內心卻已坐困愁城，難以取捨。

人生是一連串的取捨所構成的，每一次選擇都需要仔細思量，有時想的是利與害，有時又放不下是與非。如果追究原因，大概是「心」所造成的。按照荀子的分析，心有三種作用：一是由認知分辨而產生欲望，二是由籌謀策劃而主宰行動，三是由虛靈靜觀而符合大道。

一般人往往只在欲望與行動中打轉，很難提升到心的第三種作用。以欲望來說，人心與「耳目口鼻」並無差別，甚至更爲麻煩，因爲它多了一層「想像」的空間。沒有想像，人如何撐過亂世與窮困？沒有夢幻，青少年爲何願意受人擺布、埋首書堆？然而，想像並非萬靈丹，它在內心激起的漣漪，有時扭曲了外在眞實的處境。

再以行動來說，心必須發號施令，以回應客觀的情勢。在行動中，人格特質逐漸鮮明，其中隱含了固定的行爲模式與價值判斷。價值判斷是指我們對於「眞僞、是非、善惡、美醜、利害」所作的評估。由於評估經常模糊難辨，人的行爲乃前後矛盾，常有懊惱後悔的狀況出現。經過長期的學習、實驗、教訓、修飾，人格才走向定型，成爲一個「可以預測的人」。行動可以預測，並不代表內心像電腦程式一般，不再有任何掙扎。

現代人享有最多樣及最大量的自由，這是人生幸福的基礎，也是一切痛苦的來源。自由是指「選擇的機會」而言，機會越多，選擇也越難。西諺有云：「有可能性的地方，就有願望。」可能性太多之後，願望何去何從？於是，許多人寧可逃避自由，投身於制度、教條、群體的懷抱，藉此減少內心的喧囂。

心靈越敏感，受的苦越多。卡繆（A. Camus）在《墮落》中，描寫男主角晚上經過一座橋，恍惚之間聽到背後有人跳河，但是卻無勇氣捨身相救。從此以後，男主角自認有罪，時時自責，甚至一生都以「懺悔者」自居。由此可見，心靈若是鑽入死胡同，念茲在茲，恐怕永遠不得平靜。相形之下，蘇格拉底就幸運多了。他自幼年起，內心常有「精靈之聲」，專門在他正要誤入歧途時，發聲警告，使他及時免於犯錯。

同樣是敏感的心靈，前者難免終身自責，後者卻如得遇明師，一生無過。心的微妙作用實在使人讚嘆。關鍵或許在於荀子所說的「虛靈靜觀」。

「虛靈」是指化解自我的欲望，掃除主觀的成見，使外在事物不受扭曲與遮蔽。唯其虛而不實，才能靈活照應。「事與願違」，是人生大苦；若是調整願望，順事而行，又何苦之有？

「靜觀」並不是反對行動，而是注意行動的長遠功效，把人生看成一部完整的戲劇，使每一個細節都符合劇本的設計。我們在回顧一生時，不覺得自己演了一齣戲嗎？但是多少人肯定自己演得很好？

其實不必談到「一生」，當下每一剎那的心中世界，就是一個舞臺，每一意念的抉擇，就是一齣戲劇。於是，人的內心怎能避免喧囂？喧囂是雜音畢現，那麼，如何使雜音調和爲協奏？首先要畫定心靈的領域，不必「向不可能挑戰」，對於「可能性」則要辨別輕重緩急。其次，要設定思考的順序，因果關係與來龍去脈不宜混淆。而最重要的，還是明確回答「我到底追求什麼？」

一生的追求，即是「大道」。大道多方，不必人人相同，其特色是「足以使人安心」。能安心，則喧囂化爲諧音；不能安心，則人生只是無止境的追逐。喧囂與否，其實已經不重要了。

世界上最寬闊的東西是海洋，比海洋更寬闊的是天空，比天空更寬闊的是人的心靈。

——法國小說家　雨果

清貧的境界

自己作主，知道自己「能夠做什麼，應該做什麼，願意做什麼」，然後對於選擇的後果，不論好壞，心甘情願的承受。

貧是貧窮，代表物質生活上的拮据。在自由經濟的社會中，只要認眞工作，應可遠離貧窮的壓力。不過，在追求富裕的過程中，怕的卻是心靈生活日趨枯澀。人是身心合一的整體，然而身心之間卻有緊張的關係。譬如，耳目官能屬於身體，若是縱情於耳目之歡娛，將會讓人樂不思蜀，以致遺忘心靈的深刻要求。心靈有什麼要求呢？寧靜、和諧、愉悅。如何達成這些要求？如果不談宗教信仰與藝術審美，那麼具體作法大概只剩下「清貧」了。清貧不是沒有「名利權位」或反對「榮華富貴」，而是對它們不以爲意、心不在焉，主動選擇簡樸的方式去生活。問題是：一個人怎麼可能家財萬貫、位居要津，同時卻過著粗茶淡飯的生活？

這的確是個艱鉅的挑戰。正因爲艱鉅，所以值得一試。不過，若不先行描述清貧的境界，又如何引發人們的欣羨之情？清貧的效用有三：

一、清貧使人自主——現代人享有的自由幅度極大，同時亦飽受自由之苦，因爲選擇的困難隨之倍增，西方遂有「逃避自由」之說。善用自由的先決條件，即是自主性。自己作主，知道自己「能夠做什麼，應該做什麼，願意做什麼」，然後對於選擇的後果，不論好壞，心甘情願的承受。若能自主，生命內涵必然充實，不再虛應故事、考慮利害，人的自由才有眞實的意義。清貧的「清」字，用得十分巧妙。水若清澈見底，無魚可以隱藏；人若清明在躬，則生浩然之氣。

《世說新語》有一則故事。郗超佩服釋道安，特地贈送一千斛白米，附上長長的一封信，情意眞切。道安的回信只說：「損米，愈覺有待之爲煩。」意思是，讓你破費這麼多，更使我感覺「有所依靠」的煩惱。他的感謝之意尚不如抱怨之意。道安寧可清貧，以求得心靈之自主。

二、清貧使人謙和——若是一般的窮人，難免怨天尤人，不然就是羨慕、諂媚有錢人。因此，子貢才會向老師請教：「貧而無諂」是否值得肯定？諂媚來自於自卑，但是，清貧的人會自卑嗎？不會的，因為他能分辨什麼是更高的價值。史賓諾莎以磨鏡片為生，發表了著作之後，轟動士林，以致海德堡大學邀請他擔任講座。他拒絕了，因為他對自己選擇的簡樸生活，十分滿意。

孔子聽到子貢的問題之後，認為「貧而無諂」不如「貧而樂道」。無諂是消極的不去諂媚，樂道則是積極的以道為樂。最佳的示範是顏淵。顏淵的生活原是接近「赤貧」，「一簞食，一瓢飲，在陋巷」。但是他有清貧心靈，所以不但不以為苦，反而在「人不堪其憂」的情況下，可以「不改其樂」，繼續保持快樂的心境。

從自主到快樂之間，有一個重要的環節，就是謙和。謙和是接受自己的命運與遭遇，不去苛責別人。這是人我相處的原則，表示自己選擇了清貧，但是並不因而鄙視或批評別人的俗世心態。自主是對己，謙和是對人，接著而來的快樂，就有無限寬闊的天地了。

三、清貧使人快樂——快樂並非像小孩子一般無憂無慮，而是以道爲樂。「道」是什麼，道是一切萬物生存及發展的途徑。這些途徑統稱爲「自然」。莊子說：「順物自然而無容私焉。」只須不執著一己的意念，就可以隨物而化。但是，人生豈可全靠逆來順受？因此，清貧的人必定主動選擇休閒的方式，在可能範圍內保持一顆獨立的心靈，營造一個獨立的世界。外表上他會隨順，內心裏卻自有主張。他不會忽視或放棄社會責任，更不會缺少對人群的關愛與奉獻，但是他的內心始終維持高度的自主與自足。

因此，清貧的境界是由自主、謙和與快樂所合成的有機整體。現代人由貧而富，在心靈上卻唯有走向清貧，才能活出自我的生命意義。

地球提供的物資，足夠滿足每個人的需求，但不夠滿足每個人的貪婪。

——印度聖人　甘地

魯汶遇故知

我雖有「講座」之名，但是學習的心意更甚於學生。許多刺激進入腦中，說不定什麼時候就醞釀出新的觀念，形成更有價值的思想。

一九八六年的春天，我曾應邀與沈清松教授共同擔任「南懷仁講座」，到比利時魯汶大學為漢學系與哲學系的研究生，講了兩個多月的儒家。魯汶大學歷史悠久，於七〇年代另設法語系統的「新魯汶」，原有的魯汶為荷語系統，為因應國際化的需要，英語也通。

儒家是我的專研範圍，用中文說起來頭頭是道，但是用英語說就十分辛苦了。由於自我要求較高，我的心情始終無法鬆懈，即使身處美如畫境的歐洲，也是視而不見，事實上，過去這麼些年以來，我常告訴別人「休閒」的重要，而我自己竟是最需要休閒的人啊。

九五年三月初，教育部國際文教處問我是否願意擔任「中華文化巡迴講座」，到比利時、英國、法國的大學中，爲當地的學者與學生介紹中華文化。時間訂在五月，我估計有兩個月的時間可以準備英語講稿，就答應了。誰知道，我在臨出國的前三天，才有時間認眞去想講稿的事。箭在弦上，不得不發，先上飛機再說吧。

第一站是比利時，演講地點正是我九年前到過的魯汶大學。更巧的是，漢學系的系主任鍾鳴旦教授還是舊識。所謂舊識，情形是這樣的：鍾教授前一年在輔仁大學進行博士論文的答辯時，我曾擔任考試委員，對他研究中國思想的卓越表現，留有深刻印象。另一位老師戴卡琳女士就更熟悉了。她曾於八五年到臺大研究所選讀過我的儒家哲學，後來她前往夏威夷大學進修時，我還幫忙寫過推薦信。

看到這兩位外國友人，等於吃了定心丸。演講時，一眼望去，大都是求知若渴的漢學系與哲學系學生。我的講題是「中國人的生活之道：儒家與道家的現代意義」。整個過程尚稱順利，討論情況則近於熱烈。臺大哲學系畢業的鄭宇迪率先提問，帶動了會場的氣氛。鄭同學到魯汶一年多，不僅擔任同學會會長，還創辦了《魯汶新情》的刊物，讓留學生有個發抒情感與心得的園地。他的表現正是為母系增光，令人欣慰。

安排我在比國行程的是代表處文化組。方勝雄組長曾任中央大學法文系主任，學者出身，氣質斯文，而其辦事之細心周到，更使人有行雲流水、動靜從容之感。我到比國的第一天晚上，他就找來唐秉鈞兄與劉臺生兄一起聚餐。唐兄是我在恆毅中學高我四班的學長，劉兄則是我同班同學。三個恆毅校友談起母校的昔年往事，竟都是三十多年前了，但是彷彿又在昨日，眞教人不勝懷念。

我在比國的第二場演講，是由當地國建聯誼會的徐會長主辦。我國駐比的黃代表與夫人，以及當地僑學界的一些朋友都來參加。他們都是本行中的佼佼者，並且對中華文化都有實際的體認，我的工作是要以理論加以說明，指出傳統文化的特色，以及在西方文化的對照與衝激之下，我們如何取精用宏，既能保存自身的優點，又能善用西方的資源。我講的是理論，他們面對的是實際，因此討論起來就格外富於啓發性了。我雖有「講座」之名，但是學習的心意更甚於學生。許多刺激進入腦中，說不定什麼時候就醞釀出新的觀念，形成更有價值的思想。

短短一周的訪問中，文化組的楊奕商兄陪我一遊布呂日，參觀了有如靜態動物園一般的中非公園；林祕書陪我逛跳蚤市場，在路邊遮陽傘下喝咖啡。方組長更在星期天與家人一同陪我到滑鐵盧附近的舊貨市場走一圈，足足花了三個小時，見識了比國人的悠閒與雅趣。我聽他談了許多有關教育的問題，覺得很值得國內借鏡。沒有設計妥善的教育，就不可能有眞正進步的社會。我們向美國學習的較多，現在似乎應該多參考歐洲的作法了。

再訪魯汶，除了聯繫舊朋友、認識新朋友之外，我覺得心中有一股再出發的衝動。美好的總是常新的。

完美的人格，高尚的品德，是從實際生活中鍛鍊出來的。

——德國哲學家　叔本華

倫敦說《老子》

誰有足夠的智慧與體驗，誰就可能較為接近老子的心靈，這是與國籍或語文無關的。

在「中華文化巡迴講座」歐洲之行的計畫中，英國安排了一場，為此我必須在倫敦待上一星期。這一場的主辦單位是倫敦大學亞非學院（SOAS）。我對這所學院早就心儀了，因為十餘年前在美國念書及寫論文時，曾多次使用它的學術年刊上的論文，並且我所參考的英譯本，如《論語》、《孟子》、《老子》，都是由當時在該學院任教的劉殿爵教授所譯，因此印象特深。

亞非學院設有中文系，參加演講會的卻以外國教授居多。六十人的教室坐滿了，主持人是剛由大陸回英的克洛爾教授。克教授在大陸旅行時摔傷了腿，撐著枴杖進場。我環顧教室，發現中國人不到十位，會後交談才知道多爲舊識。有幾位是教育界派到倫敦大學教育學院進修的朋友，在臺灣曾聽過我的演講。還有一位是臺大人類學系畢業，在此研究博物館學；由於她在臺大曾上過我的「哲學與人生」一課，現在看到我到倫大演講，自然喜形於色。孟子所謂「得天下英才而教育之」是人生一大樂事，這種感覺到了國外遇見昔日學生時，特別鮮明。當然，若是學生不肯主動提及或上前相認，老師也只能徒呼負負了。

那麼，這場演講效果如何呢？從會後的討論看來，應該相當成功，一位黑人教授首先提問，指出兩點，一是：老子的哲學強調智慧，較不受國情與地區的限制，那麼它是否具有普世的意義？二是：西方近代自休謨以來，對於「實然」與「應然」的區分，在道德實踐上所形成的問題，在儒家要如何回答呢？

關於第一點，老子確實具有普遍的訴求。我舉當代德國哲學家海德格爲例，說明他在晚年時，曾與我國學者蕭師毅教授合作，試圖翻譯《老子》。海德格不懂中文，但是卻認爲自己了解老子的思想，於是在翻譯上與蕭教授時有不同意見，最後不歡而散，沒有譯成《老子》。換言之，中國學者未必懂《老子》，而外國學者也未必不懂《老子》。誰有足夠的智慧與體驗，誰就可能較爲接近老子的心靈，這是與國籍或語文無關的。

再看第二點，以實然與應然來說，某人是兒子，這是實然；是兒子，就應該孝順，這是應然，請問：這兩點之間有無必然的聯繫？你若分析「兒子」概念，是找不出「孝順」的內容的。因此，一個做兒子的人是否應該孝順呢？這個問題在西方是無法回答的。但是在儒家則不然。儒家對人性的洞識十分特別，就是：人性是向善的，亦即，人性的關鍵在於人心，而人心是敏感活潑的，離開人心的反應與指示，就沒有人性問題。這是「以向說性」，換成休謨的術語，就是「以應然說實然」，離開應然，就沒有實然問題。換言之，人的許多活動出自求生及自我保存與發展的本能，與其他動物並無本質上的差異，但是一旦牽動「心」之安與不安，忍與不忍，就是彰顯人性的契機了。若是不明白人性向善的道理，則人生一切規範就只能是外加的、後天學習的、社會操控的，因而亦沒有內在價值的，然後人的尊嚴也將動搖。

另一位緬甸來的留學生提問：中國歷史上許多負面因素，難道不是儒家造成的嗎？我的回答是：自漢代以後，儒家爲統治階級所利用，成爲儒術，其內在原則是法家。而眞正的儒家如孔子孟子卻表現截然不同的面貌，如強調人性內在價值、道德上的自我要求、人文主義的情懷、堅持原則以致犧牲生命等，皆無關乎政治上的負面因素。研究儒家，不須美化儒家，但是至少要求其眞實，回歸孔子與孟子的精神。

陪我前往演講的駐英文化參事劉定一先生，在觀察整個過程之後，認爲能夠引發外國學者的興趣，進行深入的討論，已經不虛此行。劉先生是臺大早期學長，曾選過方東美老師的課，閱歷既廣，見解又深，他的意見是我十分珍視的。

如果我們了解生命是無限的，才能避免投注心力於徒勞無益的追求。

——瑞士心理學家　容格

儒家的生命精神

以研究儒家來說，我的啓蒙老師是方東美先生，但是他提供的不是框限，而是起飛的基地。

中國人做學問向來重視師承，尤其在研究傳統思想時更是如此。師承無疑是入門的最佳指引，否則在茫茫學海中，如何泛舟悠遊，又如何找到歸鄉？不過，有些名師規矩較嚴，氣象有限，學生亦步亦趨時，只能守成而不能創新，終至每下愈況，使傳統思想與現代人生割裂爲二，畢竟是一件憾事。以研究儒家來說，我的啓蒙老師是方東美先生，但是他提供的不是框限，而是起飛的基地。我的感想有以下兩點：

首先，方先生談儒家時，特別注意「承先啓後」中的「承先」部分。儒家所繼承的是兩套古代思想：《尙書》〈洪範篇〉所代表的永恆哲學，以及《周易》經傳所代表的變化哲學。暫且撇開歷史考據不談，所謂「永恆哲學」是指古人對天的信仰，由此衍伸至以帝王爲天子，同時須以「皇極」（大中）爲「絕對正義」的象徵，藉此維繫人間政治、道德與教育之穩定及發展。其次，所謂「變化哲學」是指《易經》以及孔子與後學所闡述的〈易傳〉，旨在肯定變遷無已的世間萬象並不讓人失望或懼怕，卻反而應該成爲人類在價值上不斷創新的資源與動力。方先生由此論斷古人所奉持的是「以生命爲中心的宇宙觀，以價值爲中心的人生觀。」

方先生喜以「生生之德」描述中國哲學的特質，正足以顯示他側重的仍然在於《周易》經傳這一面。至於永恆哲學，則須溯源於遠古的宗教信仰，並與西方「比較宗教學」的論著互相發明。我初次得悉艾良德（Mircea Eliade）的大名，即是在方先生的課堂上。後來我到耶魯大學專攻宗教哲學時，特別留意了艾良德的作品，獲益良多。到了撰寫博士論文時，則以〈儒道天論發微〉爲題，對「天」

概念作了完整的探討。以此爲線索，我在閱讀《論語》時，少了許多隔閡與猜測，更不會誤認孔子的「天」是情緒語詞。我曾撰文指出：胡適、馮友蘭、徐復觀、勞思光四位哲學史家對孔子的評述各有千秋，而共同的敗筆都與此一「天」概念有關。

其次，方先生談儒家時，對於孔子、孟子、荀子的原典本身較少涉及。他的講課原是意在抉發儒家的生命精神，而不在章句之考據、歸納、分析、綜合。後面這層工作當然有其重要性，但是何妨留待後學？譬如，方先生對《論語》一書，常說那是一部格言錄，斷簡殘篇不成系統。但是，他留給後學的工作毋寧是：如何利用有限的資料去重新整合爲孔子的一貫思想？

我於一九八四年回臺大教書後，每年都講「儒家哲學」一課，多半還是開在研究所，進行小班的深入研討，累積了不少心得。後來特地就《論語》開了一班課，要求同學參考古今各種主要的注疏，進行逐句的語譯與討論。這時我明白的是：以章句的訓詁與解釋而言，竹添光鴻的《論語會箋》最爲完備可信；同時，由於我自己逐漸形成對儒家的「哲學詮釋」，如「人性向善論」，因此自朱熹以下

直至今日新儒家的解讀，就成爲我攻堅及批評的對象了。多年下來，信心益篤，不僅寫成系列論文合集，出版爲《儒家哲學新論》，同時以淺顯的語言文字表述專業見解時，也都獲得廣泛的回響與共鳴。

然而，在講究學派門戶的哲學界，我的儒家觀點算是異軍突起，遭到不少質疑，只是質疑者大都出自情緒性的反應，對我的詮釋缺乏眞正的理解。我相信，如果不先帶著成見，情況將會改觀。

有一年暑假，三位大陸留歐的年輕學者到臺大哲學系訪問，談到儒家與現代化的關係時，我簡單介紹了人性向善論，結果得到他們十分積極的回應，都認爲這樣的儒家才有歷久彌新的意義，也才能在現代人生中發起引導作用，甚至推廣到今日世界各國亦可受到重視。原因無他，只是切合「經驗依據、理性系統、理想指示」三項原則，而這三項原則正是一切哲學成立的判準。

沒有經過反省的人生，是不值得活的人生。

——希臘哲學家　蘇格拉底

Part 3

選擇面對，而不是消極逃避

化解麻木與悲涼，需要勇氣。
此時，勇氣不是慷慨激昂的豪氣，
而是堅持承受的耐力與永不失望的信心
所結合而成的人格特質。

在演說中實現哲學理想

我個人的演講，並不以口才的表演取勝，而是以內容取勝。我所說的，都是經過自己反省思考並且得到肯定的，所以聽眾能感受我的誠意。

在學校裏教書，和在校外演講，是相當不同的表達方式。

在學校上課時，聽眾都是學生，課程也都是有連續性的，所以，能夠依學生的需要來選擇題材，而學生們會有哪些反應，事先也大概知道。同時，在時間控制上，可以保留時間討論。這種雙向互動的關係，使我有「教學相長」的感覺。

對社會大眾演講就比較複雜，因爲聽衆的背景及動機、興趣都不清楚，所以比較沒有把握，也就很難打破彼此間的距離，心理壓力比較大一點。這是我個人對兩種不同演說方式的感受。

在社會上演講通常是比較花精神的，我願意這樣做，原因之一，是學生們覺得上我的課受益不少，他們的朋友、親友也希望能有機會聽到我的講課，因此經常有人建議我到社會上公開演講。

我的對外演講有一半是公家機構、學校、部隊，他們請我的原因，是因爲我的演講能給他們正面積極的人生肯定。我從來不傳道、傳教或宣傳任何政治綱要，我只談積極人生的問題，由健全個人而推至社會、國家。

我的演講範圍完全環繞著「從哲學角度來反省人生」爲題材，我絕不講不是我專長的東西。人應該藏拙，我對自己的長處非常了解，哲學我可以講得得心應手，要我談心理學或人際關係技巧，我就沒有辦法了。

對社會大衆演講跟對學生講課，在滿足感上是不同的。社會人士，與我沒有直接關係，因此，對我的評語，都是最直接最眞實的，不像學生礙於師生關係。

所以在社會大衆中得到的回響，我會覺得很欣慰，也感到更具挑戰性。

其實，從事研究和教學一直是我主要的工作，至於演講，是在大學時代才開始產生興趣的。談到口才，回想我的少年時代，情況恰巧與現在完全相反。我從八歲到十七歲，九年之間，講話都有嚴重的口吃。課堂上，常常一個字也說不出來，經常成爲老師與同學們取笑的對象，也造成了我嚴重的自卑感。所以，我只好用優良的成績來彌補，提升一點信心，平衡自己的心理狀況。一直到了高中，有個老師建議我參加口吃矯正班。我去學了以後，知道如何消除緊張，如何發聲、練習，並且避開容易口吃的幾個字母，就這樣慢慢的學習訓練，由能夠在家人、朋友面前說話，一直到能夠在公開場合中選擇自己較能發聲的字做開頭，然後順利的表達出來。

當初之所以會口吃，並非有特殊原因，只不過是小時候跟一個有口吃的鄰居小孩子學的，在那以前，我講話是很流利的，就是因爲好玩、好奇，所以學著他說。就這樣，久而久之，生理上就產生了習慣性的阻礙，很難糾正。據我所知，一半以上有口吃的孩子，都是因爲學習別人而造成的。

其實，我個人的演講，並不以口才的表演取勝，而是以內容取勝。我所說的，都是經過自己反省思考並且得到肯定的，所以聽衆能感受我的誠意。陰錯陽差的是，每當我講話緊張時，還是會有稍稍的口吃，這反而使聽衆感覺到我的眞誠。

演講的頻率較高是在最近這幾年，平均每周三場。我回國多年，前三年專心把所學寫成論文，後來又覺得身爲一個學哲學的人，也應該要對社會有所奉獻，所以，我選擇了寫作和演講兩種方式，也在稍後開始接受演講邀請。

做學問是非常寂寞的，不過哲學的根還是在於學術，演講只是貢獻社會的一種方法。演講題材選得好，效果就非常理想。因爲一般人對哲學並不是很了解，都覺得哲學很深奧。自己能夠把哲學這一門相當冷門的東西，在群衆中表達出來，並且受到肯定，那種滿足感是非常高的。

哲學是我一生所愛，花很多的心血去研究，因此也非常珍惜自己的心得。哲學，已經融入我的生活實際體驗，我不但在自己的生活中實現哲學，也希望一般民衆能夠分享。

曾經有一次在高雄演講，演講完後，有一位年輕的聽眾跑來告訴我，他去年本來想自殺的，可是因爲讀了我的兩本書，所以打消了這個念頭。我當時聽了相當感動，就告訴他，我寫的書只要有他這麼一位讀者就夠了。基本上，我的聽眾年齡層以社會青年居多。我一向很喜歡演講完之後與聽眾的雙向溝通，因爲現場的發問，對演講者來說，是一種生動的經驗。

我的演講心得有兩方面，第一是設身處地爲聽眾著想，每一句話都要從聽眾能夠了解的範圍出發，帶他們進入他們所不了解的情境，給他們預期之外的收穫。第二，演講就像編副刊，要有主題，時事評論，還需要趣味小品，讓整個內容豐富、活潑、吸引人，而不是單調枯燥的。

所以在演說之前，第一步一定要事先知道聽眾是哪些人，然後再妥爲準備。與其說得艱深，不如平易近人，更有效果。

沒有知識的人總愛議論別人的無知，知識豐富的人卻時時發現自己的無知。

——法國哲學家　笛卡爾

不要對人性失望

人生就像一場拔河比賽，善惡雙方一直在角力之中。我們不必自以為義或善，但是負責盡職則是基本的自我要求。

翻開每天的社會新聞，所見多為令人嘆息之事，久而久之，會有麻木、蒼涼之感。以一個人極其有限的心靈能耐，如何消化整個社會的悲劇事件？當然辦不到；但是，誰使我們陷於這樣的困境呢？大家只顧強調「人人有知的權利」，卻忘了更重要的卻是：對於「知」，我們也有選擇及判斷的權利。

新聞報導已經習慣於混淆事實與臆測，記者的知識水平與專業修養，有時讓

人搖頭苦笑。因此，我時常謹記老子的話：「見素抱樸，少私寡欲。」凡事但求簡單，不必浪費時間去知道一些無謂的訊息。這不是鴕鳥心態，而是適當的自我防衛。從前大陸上嚴格管制思想，人們沒有說話的自由，也沒有不說話的自由。現在從沒有改爲有，自由越多，所造成的困擾往往越大。我們當然不會因爲自由帶來困擾而放棄這種天賦人權。應該強調的是：越是自由的社會，越需要學習分辨自己眞正需要的是什麼。

以選舉爲例。某屆立法委員選舉期間，曾有記者請教一位大學校長：應該選擇具備什麼條件的候選人？這位大學校長回答：要選擇壞人。記者深覺訝異，請問其故。校長說，因爲根據新聞報導，這次出馬競選的分爲三種人，就是壞人、更壞的人、最壞的人。諸位如果不信，不妨回憶過去的縣市長選舉。如果由競爭對手互相批判的文宣資料看來，大概所有壞人都上了檯面了。事實上呢？這當然是過於誇張的說法。天下原本沒有十全十美的人，並且從政能力與個人道德之間也沒有必然的關係。因此，選舉一個缺失較少的人，有何不對？何況，眞正追究起來，「有什麼樣的選民，就有什麼樣的候選人。」我們自我反省都來不及，怎能責怪別人？

由此可知，獨立的思考與判斷，是我們待人處事所不可或缺的。譬如，每當看到慘絕人寰的新聞，我們不能隨即認定「世風日下，人心不古」，而應該明白，這些只是異常的特例，經過焦點處理，顯得動人心魄。絕大多數的人與我們沒有兩樣，都在感嘆這樣的事件。換言之，正常的心靈仍然占大多數。同時，正因爲有這樣反常的事，更顯示我們的責任愈加重大了。

我以這樣的心情看待社會，也以這樣的心情看待自己的工作。譬如，報上描述的臺大學生的表現，經常使人憂慮，不知道大學校園會演變成什麼樣子。朋友向我表示關心與擔心時，我反而安慰他兩點：第一，這些學生只占臺大全體學生的百分之一，頂多二百位，因此不必過度想像臺大校園的危機。第二，我要以樂觀的態度盡好自己的本分，更加努力把書教好。人生就像一場拔河比賽，善惡雙方一直在角力之中。我們不必自以爲義或善，但是負責盡職則是基本的自我要求。

因此，再多的新聞報導也無法改變我的心意或挫折我的鬥志。我經常提醒自己不要冤枉別人或扭曲別人，但是相對的，我也不願意受到別人的擺布。藏在我心深處的，是對「人性」的信心。這種信念得自儒家的啓發，就是「人性向善」。最近有一位年長的朋友向我證實：他在年輕時逃難，身上有槍，曾想殺人搶劫，但是總覺心中不忍。這種「不忍」即是「人性向善」的靈明在運作。

所謂人性，是人人所具的，不過它容易受到環境與知識的影響而誤入歧途。只要給自己機會，稍稍冷靜下來，傾聽內心眞誠的呼聲，就會找到善的道路的指示。然而，這種指示依然微弱，所以需要教育及政治的配合。換言之，亂世之中，人性容易墮落，但是對於人性向善依然要有信心，否則犯錯之人如何會改過？此一信念與日常生活之間，也許仍有極其複雜的差距，並且光靠這種信念也不足以改善社會治安。但是，沒有這種信念的話，人生豈不是全無希望？再多的努力不也是徒勞無功？

一棵樹要長得更高，接受更多的光明，那麼它的根就必須更深入黑暗。

——德國哲學家　尼采

投入人生才是勇氣

埋首書齋、學而不倦，固然是勇氣的表現。奔波道路、誨人不倦，又何嘗不是？關鍵在於感受是人人不同的，只求問心無愧而已。

朋友認爲：教授應該專務於本行的研究工作，埋首書齋、潛心治學，千萬不可拋頭露面，到處演講有如作秀，出版一大堆雜文集子，還自以爲是學術作品。

我贊成這種理想，不過希望深入一層，請教他所研究的是什麼。啊！是莎士比亞。請問：莎翁的戲劇是寫給誰看的，是演給誰看的？答案是群衆。再問：莎翁的靈感得自何處，素材又取自哪裏？答案是生活經驗與歷史上的陳年往事。這些都與書齋沒有關係，光靠書本無法造就莎士比亞，此理甚明。

學術界自成格局，自有規範，合則來不合則去，毋須勉強。然而，不同學科畢竟稍有差異。以人文科學來說，西方自柏拉圖、康德到海德格，中國自孔子、孟子到王陽明，無一不是就地取材，即事說理的高手，從未眞正脫離時代的風潮與人心的走向。

今日所謂學界權威，皓首窮經的精神令人佩服，不過，考證幾個原典的錯別字，辨明幾條解釋的規則，是否可以助人接觸原始文獻？又是否可以重新在生活中展現古人的智慧？關於爲學的態度，方東美先生提倡「上下雙迴向」之說。往上凌空超拔，擺脫塵世干擾，遨遊於古人所開拓的無限空間，自得其樂；然後，終究還須往下落實到現實的人間，感受時代的困境，體察生命的限制。上下雙迴向是不斷交替的運作過程，兩者相需相成。若非如此，人文學者的角色與功能就無法充分展現。

胡塞爾所啓導的現象學運動，能夠管領一代風騷，原因之一即是「回歸事物本身」這句口號。空想無益，如何回歸？要靠感受與勇氣。

感受是指感同身受。個人的生命經驗極爲有限，不過總是包涵了基本情緒，如喜怒哀樂愛憎欲，就看是否善用一顆敏銳而體貼的心。遭逢重大考驗的人，感受自是不凡。杜斯妥也夫斯基年輕時參與革命被捕，綁赴刑場又臨時得免，鬼門關前繞了一圈，自此下筆的威力令人震懾，所談問題無不直扣要害：如果靈魂與身體同朽，何以需要道德？如果上帝不存在，何以不能爲所欲爲？沒有戰爭場面，卻見漫天烽火、大廈將傾。二十世紀不正是繞著這些核心難題在打轉，而終於苦無出路嗎？

縮小範圍，把焦點拉回今日臺灣。學校教育早已普及，但是成效極其有限，不足以回應社會變遷的挑戰。資訊媒體的傳播無遠弗屆，但是畢竟缺乏系統性與主體性。群眾既無法獲得系統的知識，又無法培養切身的體驗，於是陷於凌亂與疏離的孤絕狀態。此時唯有人文學者或者具有人文修養的專家，可以伸出援手。

聆聽各種背景、各種經歷的人所提出的問題，總是環繞著「怎樣生活，才有意義？」「人生究竟有無意義？」這些原是亙古以來一直存在的問題，如何能有

「一言以蔽之」的答案？此時，文學、哲學、藝術、宗教的素養，使人可以藉著舉例、示範，提供參考架構，說明思索途徑，再切入自己的生活領域，尋找自我實現之路。

感同身受之後，需作有效的反應，否則難免陷於兩種情況：一是彈性疲乏所造成的麻木感；二是心餘力絀所帶來的悲涼感。化解麻木與悲涼，需要勇氣。此時，勇氣不是慷慨激昂的豪氣，而是堅持承受的耐力與永不失望的信心所結合而成的人格特質。

埋首書齋、學而不倦，固然是勇氣的表現。奔波道路、誨人不倦，又何嘗不是？關鍵在於感受是人人不同的，只求問心無愧而已。「上下雙迴向」應該可以做為所有人文學者的座右銘。離開人生，學問將如無源之水。這是十分淺顯的常識，那麼，如何投入人生，又能保持學者的志業呢？答案也許見仁見智，用心則千古無異。人文學者的基本情懷即在於此。

生命是短促的，只有美德能將它留傳到遙遠的後世。

——英國劇作家　莎士比亞

恐龍情操

以「溫柔敦厚」做爲文學的作用，又怎能成爲恐龍時代的專利？如果這算是「恐龍情操」，那麼我樂於成爲擁有這種情操的人。

在一次座談會上，談到儒家的文學觀時，我提及孔子所說的「詩，可以興，可以觀，可以群，可以怨。」然後，印證到「溫柔敦厚，詩教也。」我這樣說時，大概意態眞誠，使人看來好像我眞的相信這一套。其實，我眞的如此相信。也正因爲如此，在場的齊邦媛教授發言了：「你說的這一套，以及我們所肯定的這一套，已經被時下年輕人看成恐龍時代的遺跡了。」

時代進步得太快，「新人類」與「新新人類」早已登陸臺灣，我們這些中老年人，尤其是腦袋中還塡滿傳統思想的人，遂升格爲石器時代甚至恐龍時代的人，只差沒有被淘汰而已。我們說的話，年輕人覺得像是「外來語」，甚至是「古代語」，只有做爲化石，接受考古研究的資格而已，哪裏還有「知音」呢？

且莫怨嘆。我們看待老一輩的念書人，是否也有類似的恐龍情結呢？齊教授以她的經驗爲例說明。她在抗戰期間，受業於朱光潛先生。當時一班同學十四人，借住在「孔廟」上課。朱先生教英詩，不僅學養深厚，連個人感情也寄寓於詩的解說中，講課時不免隨著英詩的描述而喜怒哀樂。有一次讀到彌爾頓（John Milton 1608-1674）的詩，一時情緒激動，淚流滿面，再也讀不下去，只好闔上書本逕自下課走了。斯情斯景，齊教授如何能忘？她說：今天如果有人上課也像朱先生一般，豈不受到學生的批評與質疑？換言之，我們這一代與朱先生已經相去甚遠了。

我倒不這麼悲觀。理由是：有眞性情的人是永遠不會過時的。朱先生的哭並不突兀，因爲早在二千多年前，孔子上課時也曾哭過，並且留下記載。《論語》

有一句話十分緊要，就是：「子於是日哭，則不歌。」這句話顯然出自學生長期觀察的結果，意思是：「老師在這一天哭過，就不唱歌了。」

試問：需要何種根據，才能寫下這句話？一、孔子的哭應有大概的頻率，每月總有兩三次，否則不足以做爲觀察的依據。二、孔子的哭不是隱匿的，而是並不忌諱在公開場合淚流滿面。像他這樣「教不厭」的老師，上課講到《詩經》與《書經》，感嘆天下無道，百姓苦難，有志難伸時，由不得悲從中來，傷心落淚。因此，我們可以合理推論：孔子上課曾經哭過。然後，朱先生的哭，表示孔子並非恐龍時代的人。並且，我相信現在以及將來，都還會有許多眞性情的人在教書時潸然淚下的。

既然如此，以「溫柔敦厚」做爲文學的作用，又怎能成爲恐龍時代的專利？如果這算是「恐龍情操」，那麼我樂於成爲擁有這種情操的人。

回到孔子所謂的「詩」，試作簡單說明。詩的作用有四：興、觀、群、怨。「興」是指引發讀者內心眞誠的感受，使他暫時撇開現實生活的顧慮，回到較爲原始的自我面貌。我們閱讀文學作品時，隨著書中描述而引發自己早已塵封或忘懷的年少理想。接著，「觀」是指：藉此觀察及了解自己的心志，是否爲了現實需要而過度扭曲，以致雖有外在成就而內心並不快樂。若不了解自己，人生注定苦多樂少。然後，「群」是指：由於個人的眞誠，而得到他人的共鳴。人與人之間，不妨存異求同，互相容忍，進而互相欣賞。唯有在「眞誠」的基礎上，人群可以溝通、和諧、快樂。最後，「怨」是指：實際人生總有委屈與挫折，心中的不滿若不定期以適當方式宣洩，總會蘊積成疾，有礙心理健康。文學使人發抒積怨，平衡心靈，實在居功至偉。

若以「溫柔敦厚」總結上述說法，誰曰不宜？倒不是孔子說的什麼話都對，而是他說的這段話扣緊了人生實相，沒有人可以反駁。恐龍時代一去不復返，文學情操卻是永遠存在的。新人類或新新人類再怎麼善變，終究不能否認自己是「人類」啊！

美德好比寶石，它在樸素背景的襯托下反而更華麗。

——英國政治家　培根

駝鳥心態

人到中年，自覺體力日差，朋友早就敦勸必須定期檢查身體，但是，也許是害怕發現自己眞有什麼毛病，我總是找各種理由來迴避。

我從不否認自己有一點駝鳥心態。對於社會亂象，如果耳聰目明，恐怕每天都會活在緊張與恐懼之中。不過，我們得知有關世界的一切，主要是靠資訊與媒體，而這些傳播單位如果不找些聳人聽聞的消息，就無法吸引大家的注意了。

既然如此，我對媒體消息總會打些折扣，或者在比例上加以淡化。譬如，看到許多殺人放火的報導，我會聯想起社會上許多善心團體的犧牲奉獻，同時聯想起：在歷史上每一個時代都有困境，即使就今日來說，世界各國也都有或大或小的難題。

由於這樣的鴕鳥心態，我才能安心在大學校園中教書，繼續鼓勵年輕人不要失望；我才能以高度的興趣在寫作與演講上扮演自己的角色。就事論事，我的想法與做法並沒有錯，因爲若非如此，我可能整日心神不寧，或者早就被各種傳聞所麻痺，變成冷血動物了。

然而，鴕鳥心態還是嚴重的傷害了我。我是指自己的健康。我對生老病死，向來認爲是人生必經之路，視之如同一套理論，而很少想到它的實際情況。當然，我必須有健康的身體，並且有很好的運氣，才可能維持這種觀點。更糟的是，我很早就相信「身心互動」的關係，認爲有一半以上的疾病是由於自己主觀上意志不夠堅定所造成的。

我的愚昧並非毫無依據。記得在美國念書的四年時間，我從未看過醫生，偶爾患了感冒，就靠喝水、休息以及堅強的意志來化解。回國十年之內，也從未出現什麼毛病，以致我在臺大醫院尙無病歷可查。我全力投入工作，每日伏案十小時左右，完全忘了我的身體需要適當的運動了。人到中年，自覺體力日差，朋友早就敦勸必須定期檢查身體，但是，也許是害怕發現自己眞有什麼毛病，我總是找各種理由來迴避。

八十二年暑假，臺大校方原本安排系主任以上的主管可以免費作兩天的健康檢查，我覺得沒有理由再推託，就報名參加了。誰知道，暑假快結束時，忽然接獲臺大公文，說是經費不足，只有院長以上的一級主管才可以免費健檢。其實，我倒不完全在意是否免費，因爲更重要的是自己好不容易下了決心去體檢，結果卻被擺了烏龍，錯過了一個關鍵時刻。我對臺大校方的不滿，隨著我的左腿痠疼而增加。

如果我在八月份體檢，也許就會發現椎間盤突出的毛病，當時立即採取醫療措施，並且取消北大之行，多加休息，也許就能化解危機。但是，我被迫錯過了體檢，並前往北大開會，上街買書還一如往常，沒有注意到自己已不能負重。回到臺北後，左腿痠疼異常，走路都有困難。這時赴醫院照X光，斷層掃描，終於判定是椎間盤突出，壓住了左腿神經，情況相當嚴重，可能必須動手術了。醫生有些驚訝，認爲我的毛病所帶來的痛苦，並非一般所可忍受。是的，我的鴕鳥心態使我連痛苦也可以打個折扣。

無論如何，病情一經確定，總要設法治療。我對醫學是外行，見到醫生時好像只能全心信賴了。我以前在演講中，談到現代人交朋友，首先考慮的是「醫師、律師、牧師（法師）」。說得頭頭是道，但是我自己卻從未認眞去交過這三種人人需要的朋友。現在面臨到自己生病，不免慌了手腳，不知道自己從前所積的善因，能否在治療這件事上得到回報。

然而，這又是一種鴕鳥心態，就是：明明活在現代，卻又常常想到人間有所謂的「善惡報應」。生病找醫生，醫生爲人治病；這些都是極其自然或天經地義的事，何必想得太多呢？每一個人都善盡職責，這個社會才能正常運作。至少這種想法不是鴕鳥心態。看來這次病癒以後，我要好好檢討自己的鴕鳥心態了。

我們的一生一半是荒唐，一半是謹慎；不管是誰，如果只描寫高尚正經的一面，就等於漏了另一半沒寫。

——法國作家　蒙田

與其整型，不如修心

心所營造的環境，所依循的習慣，是日積月累而成的，不會在一霎時之間改頭換面。就像人的相貌不可能靠著美容或整型就改變氣質一樣。

這是個重視相貌與包裝的時代，不僅急於討好選民的政治人物如此，演藝明星與公眾人物如此，一般百姓也不能例外。於是，化妝、保養、美容、護膚、健身，逐漸成爲現代人的必需品，女性如此，男性亦然。最流行的讚美口吻就是：把對方的年齡減去十五歲，說他「看起來頂多」幾歲。說者與聽者互相恭維一番，皆大歡喜。

注重相貌，可以說是愛美的天性使然，但是不能因而忘了注重內心。原因很簡單，相貌「終究」會衰老，並且每個人對相貌的感受是相當主觀的，沒有人有把握成爲普受肯定的俊男或美女。更何況，眞正決定相貌的「氣質、品味、性格」的，還有一個無形可見卻無比眞實的「心」。孟子認爲，「觀於人者，莫良於眸子」，可以從眼珠看出一個人的內心。由相見心，因爲「眼睛是靈魂之窗」，心或靈魂才是人的「眞我」。

認識別人的「眞我」是很難的，俗話說：「知人知面不知心」。然而，自己的「眞我」呢？自己的「心」與「相」之間，是否也有一道鴻溝？在相貌與包裝大行其道的今天，我們是否忘記了自己的「心」？是否忽略了「相由心生」的道理？

如果要爲「相由心生」找到實例，那麼由王爾德（O. Wilde）原著，王大閎改寫的《杜連魁》一書值得參考。杜連魁年輕時，純潔俊美，人見人愛。畫家貝席以無比崇拜的心情，爲他畫像。畫成之後，杜連魁暗許一願，希望自己永保畫中人的青春秀挺，同時讓畫中人代自己隨著歲月的腳步而衰老。

奇妙的是，這個願望實現了。杜連魁每做一件事，畫中人便起了相應的變化，臉上出現皺紋，嘴角帶著冷酷的笑，眼神殘忍無情。罪惡累積得越多，畫像越是慘不忍睹，最後變成又老又醜的怪物了。但是，眞實人生中的杜連魁卻像飲了青春之泉，到了五十幾歲時，還有二十幾歲的容貌與身材，眞是讓人又羨又妒。

人的外表是可以騙人的，但是卻不能騙自己。杜連魁的「相」與「心」，正如他的本人與畫像一般，開始時相互輝映，後來背道而馳，越行越遠，形同兩個極端了。這時，剩下的只有毀滅了。不論「相」如何美好，若是「心」醜陋不堪，最後將連自己也無法忍受。

杜連魁的結局如何？當他在現實生活上的威脅一一化解之後，他發現自己的罪證只剩下那一幅畫像了。如果把代表自己內心的畫像毀去的話，是否可以重新做人？人生可以再來一次嗎？他拿小刀刺進畫像中人的胸部，但是倒地而死的卻是自己。這時的他，「身穿高貴合時的西服，面孔乾皺，醜惡無比。右手緊握著一把利刃。」然後，「靠牆擺著一幅青年的全身畫像，神態瀟灑，俊秀逼人。畫面上左胸裂開，似乎被刀刺破。」

一個人不管如何偽裝，若是心術不正，那麼相貌再好也無濟於事。他只能在享樂主義的漩渦中打轉，以感覺來拯救心靈，再以心靈來拯救感覺。像杜連魁這樣擁有上流社會及精緻文化一切條件的天之驕子，也不能終其一生以相代心，或以相矇心。即使他避開了千萬人的指摘，逃過了法律的制裁，卻依然必須面對「心的逼視」。他的心也許隱藏在密室一角，並且覆蓋著厚重的絨布，但是卻依然跟著他的劣行敗德而腐化，清晰得一如畫像上的垂死的老者。

王爾德這部小說除了描寫心與相之間的主從關係，也否定了「放下屠刀，立地成佛」的可能性。心所營造的環境，所依循的習慣，是日積月累而成的，不會在一霎時之間改頭換面。就像人的相貌不可能靠著美容或整型就改變氣質一樣。與其修相，不如修心。心正則相正，心不正則相必有瑕疵，若不及早修飾，將來回天乏術。

外貌美只能取悅一時，內心美方能經久不衰。

——德國詩人　歌德

蕾絲花邊

人性是偉大的，只要眞誠行動，總能產生人與人之間的善意，並且，善意總能引發更多的善意回應。

周末深夜播映的「家園情深」是美製的電視連續劇。全劇描寫一個小鎭的居民們的悲歡離合。基調是溫馨感人的，角色是鮮明清爽的，故事情節雖然稱不上高潮迭起，但是也夠讓人回味了。其中一段使我印象深刻。

琴娜是猶太人，曾在二次大戰中被關入集中營，僥倖免死之後，結識一名美軍，因愛成婚，相約至美國會面。她到達美國的小鎭時，才驚悉丈夫陣亡。她的公婆爲小鎭富商，原想不認這個媳婦，直到琴娜產下一女，才見轉機。琴娜個性獨立，自尊心強，靠著爲人縫製衣服維生。

有一顧客修改新娘禮服，需要修補面紗上的蕾絲花邊，琴娜聽到「蕾絲花邊」一詞，面露驚愕，情緒幾乎失控，然後堅稱自己不會，要另外找人代勞。她在市場巧遇黑人老太太，老太太一口應承此事。這位老太太的兒子與媳婦都在富商家工作，她修補了面紗之後，就託媳婦轉交給琴娜。這位黑人媳婦名爲葛洛利。

琴娜收到葛洛利帶來的面紗，一看就知道「鉤錯了」。但是，「鉤錯了」一出口，她立即痛哭失聲。在葛洛利的安慰下，她說出自己的一段遭遇。

二次大戰期間，德軍所到之處，大肆追捕猶太人，關入集中營加害。琴娜與母親同時被捕，與一大群同胞抵達了集中營。這時，德軍司令官大聲喝問：「誰會鉤蕾絲花邊？」母親舉手，也催促琴娜舉手。舉手的人留下，其餘的送進毒氣室。但是，琴娜並不會鉤什麼花邊啊！母親爲她臨時惡補，並且爲她多鉤一份，讓她趕緊學習。然而，噩運的腳步還是太快了。

某日，她們正在鉤織時，主管突擊檢查，母親眼見不妙，立即把琴娜鉤錯的花邊換到自己手上，讓琴娜安全過關。但是，當主管看到母親手上的樣品時，喊一聲「鉤錯了」就有士兵進來帶走母親，隨後槍決。這是多麼令人震撼傷痛的一幕，琴娜如何可能忘懷？她以後聽到「蕾絲花邊」、「鉤錯了」，又怎能不悲從中來？母親給自己生命，又爲自己而死，如此豐富的愛，竟如此輕易的承受，但是如何回報呢？《詩經》有云「欲報之德，昊天罔極」，或許可以稍作形容。

葛洛利身爲黑人，又是女傭，是全劇中最能體諒「受害者」心境的角色。巧合的是，黑人老太太搬家時，找出二十七個紡紗棒，然後向葛洛利說明緣由：老太太的母親嚴格要求女兒們學習紡紗，因爲若是不會紡紗，就須下田作粗活。這是老一輩黑人的智慧與愛心的具體表現。換言之，不論膚色與種族，天下父母心都是一樣的：要給孩子最好的一切，即使自己吃苦、受難、犧牲，也在所不惜。

只有受過苦的人才明白受苦的滋味，葛洛利的安慰是有效的。她告訴琴娜：「你的母親愛你，就像你愛你的女兒一樣；換了是你，也會爲你的女兒做同樣的事。」此時，剛滿周歲的女兒站在嬰兒車中，雙手伸向琴娜，發出她一生中第一個清楚的呼喚：「媽咪！」全劇至此暫告一個段落。

像這樣的電視連續劇不僅值得觀賞，而且值得細細品味。劇中角色並非善惡分明，而是反映了現實世界眞實人物的內心感受與外在張力，亦即：人性是平凡的，因爲它傾向於自我中心；同時，人性又是偉大的，只要眞誠行動，總能產生人與人之間的善意，並且，善意總能引發更多的善意回應。我們並不否認「惡」的存在及其可怕勢力，但是，憑著自己的決心與眞誠，「善」終能像陰雨後的陽光，照亮生命的前景。一個朋友問過琴娜：「在受了這麼多苦之後，你不痛恨那些劊子手，並且想盡辦法去報復嗎？」

琴娜說：「我相信，只要活得快樂，就是最好的報復了。」因此，她比大多數人更樂觀、開朗、謙和，心存感激，愛不僅超越了恨，並且帶來了眞正的喜悅。

善心是從不失敗的投資。

——美國散文作家　梭羅

歡喜城

只有面對共同的命運時，人類才會拋棄成見與利害，回復到人的原始面貌。

很少觀賞以印度爲背景的電影，看了「歡喜城」又感觸良深。馬沙里一家五口爲了逃避家鄉的旱災，乘車來到較爲富庶的城市謀生。三個孩子中，大女兒已達婚嫁之齡，馬沙里一心一意想要多賺些錢，好爲她準備嫁妝，兩個兒子都還是十幾歲的青少年，無法幫忙家計。

馬沙里初到城市，走投無路，哪裏找得到工作？身上僅存的二百盧布又被騙光，一家人只好露宿河邊。他心中想的是：神一定會照顧我們。他繼續找工作，最後託人媒介，向當地角頭老大租借人力車，憑著原始的勞力拉車賺錢。

故事的另一端，是一個由美國到印度尋求靈感的青年，他原是醫生，卻厭倦於現代社會的人際關係，想要體驗不同的生活。麥克初到這座城市，就遭人設計洗劫，毒打一頓，金鍊子也被搶走。下手的壞人正是角頭老大的兒子。

接著，馬沙里護送麥克求醫，來到英國人莎莉所開設的簡陋診所。莎莉留在印度行醫救人，是爲了志趣，她自然希望麥克能以醫生身分加入診所的工作。麥克明白拒絕了這一請求。從影片上的陰暗氣氛、民眾的貧窮落後、街道的髒亂無序看來，誰會喜歡印度？何況，警察貪汙腐化，黑社會控制人力車伕，不義與危機更令人恐懼、厭惡！

一直演到三分之二，我都無法想像電影會有什麼結局。男主角一個是逆來順受的人力車伕，一個是猶豫不決的美國平民，既無特殊的拳腳功夫，也無祕密組織或權力機構的支撐。試問：救援在哪裏？

麥克準備離去時，發現護照遺失，又遇上鄰居一婦人難產，他全力保住母子平安。於是，為了等候簽證，他決定暫時居留數周，在診所幫忙。接著，久旱不雨，一雨成災，在水災中大家共患難，真情流露。只有面對共同的命運時，人類才會拋棄成見與利害，回復到人的原始面貌。

共同的命運有二：一是天災，二是人禍。天災已過，人禍則是角頭老大，現在是兒子當家，變本加厲，手段凶殘。麥克鼓勵團結診所員工與人力車伕，結果當然是被個個擊破，慘遭修理。印度人對命運的態度是安順，不敢妄加改變，好像一切都是命中注定的，人只能默默承受。

結果如何？正義並無大聲宣揚的機會。我看到的是人性的微妙暗示。某日下午，馬沙里以人力車拉著三個孩子上街，麥克在旁同行。此時，年輕的角頭老大帶著打手圍上來，一番言詞羞辱之後，竟動手侵犯馬沙里的女兒。是可忍，孰不可忍？馬沙里拚命衝向前去，挨了一刀不管，抓住這個流氓就打。按照常情來說，衆多打手一擁而上，馬沙里哪裏還有命在？但是，打手中有一人喝令大家不准插手。他實在看不慣這個新角頭的作風，盜亦有道，就讓他們二人拚鬥吧！馬沙里狠狠揍了壞人一頓，他的小兒子趁機搶回麥克被劫的金項鍊。

角頭被打之後，無顏留在當地，離城而去。眾多被壓迫的百姓歡欣鼓舞，群集馬沙里家前祝賀。人禍就此解除。其關鍵全在一個打手的一念之「不忍」。我們不知道他的名字，其實他隱藏在每一個人內心深處，不到最後關頭、忍無可忍是不會出現的，問題就在：是否有人像馬沙里一樣，堅持爲了保護子女而戰！保護子女，其實是出自愛心，出自肯定人格尊嚴。看似卑微的打手，也有一念之仁。這個訊息令人安慰。

馬沙里靠著金項鍊的幫助，順利讓女兒嫁給了一個好青年。麥克這時向莎莉說，他可以自由選擇「留下來」了。在女兒的婚宴上，馬沙里刀傷復發，血流不止，麥克扶他進房休息，肯定他可以撐過去。求生意志往往有神奇的藥效啊！馬沙里說：「神所安排的人生確實十分辛苦，但是由此得到的勝利，才更爲甘甜啊！」整部「歡喜城」的陰暗沈悶的氣氛並未消失，但是能在痛苦中堅定的面對挑戰與考驗，不正彰顯了人性的偉大嗎？

衡量人的真正品德，是看他在知道沒有人會發覺的時候做些什麼。

——法國思想家　孟德斯鳩

Part 4

抓住現在，而不是懊悔過去

時間一去不復返。
這麼簡單的道理實在不需別人提醒，
但是多少人清醒地意識到它的嚴重性呢？

活得快樂，就是最好的報復

心中稍有憤怒，快樂就逃逸無蹤。憤怒的對象有時是假想敵，是自己想像中的可怕敵人，其實並不存在；有時則是誤會了別人，把無意當成惡意。

買的是臺北往臺南的機票，飛機卻降落在高雄。事先就算知道這種安排，也沒有什麼選擇的餘地。行程早已定了，進入候機室，航空公司才宣布：「臺南機場大霧，旅客可以選擇改飛高雄，也可以選擇退票。」

於是我到了高雄，但是邀請我演講的是臺南高商。出了小港機場，我包了一輛計程車，直奔臺南。

司機先生問我：「要去臺南，爲什麼坐飛機到高雄？」我答：「因爲臺南機場大霧，沒有辦法。」

司機先生說：「以前航空公司都會包車送旅客去臺南的，現在什麼都不管，太不負責了，你們應該抗議啊！」

言之有理。這位司機先生拋開自己做生意的立場，就事論事，一語道破我的心結。

我在飛機上一直想的正是如何表達內心的不悅。別人都接受了，我爲何抗議？若非修養太差，就是喜歡爭勝。不然，難道是伸張正義嗎？只要飛機平安抵達高雄，種種麻煩與困擾不都煙消雲散，何必計較？生活在臺灣，比起飛機誤點或改降更令人覺得委屈無奈的事，不知還有多少呢！

司機先生所說的抗議，其實可以轉化爲可行的建議。

譬如，第一，臺南機場出現大霧的頻率相當高，那麼爲了飛航的效率與安全，是否應該另行闢建合適的機場。否則就航空運輸的意義來說，並無發展的前途？

第二，在目前情況下，飛機若由臺南改降高雄，航空公司「有責任」安排交通工具，把旅客送到臺南。絕不能說是旅客事先知道改降高雄，後果就由旅客自行負責。旅客的權益缺乏保障，要向誰去投訴？機票加上車費，我到臺南總共花了二千元，並且多耗了一小時車程，到達臺南高商時已經讓同學們等了二十分鐘。這一切人力物力的損失，難道只能歸咎於運氣嗎？或者，行政機關與航空公司也該認眞面對問題，設法督促上述建議早日實現？

走出機場時，我發現同機乘客中居然有立法委員，也有部長級官員。他們都神色自若，並不以飛機改降高雄爲忤。何以修養那麼好？因爲他們的隨員早就通知專車改在高雄接駕了，所以他們並不覺得困擾。但是，一般老百姓怎麼辦？誰來化解他們的不便？

我在這件小事上看出社會的理性化與民主化還有一段漫長的路要走。有辦法的人只顧自己方便，沒辦法的人只能怨嘆命運，不然就會在心中醞釀敵視社會的態度。

在我的人生觀裏面，「敵視」是很難持久的，因爲最後反射回來所傷害的還是自己。心中稍有憤怒，快樂就逃逸無蹤。憤怒的對象有時是假想敵，是自己想像中的可怕敵人，其實並不存在；有時則是誤會了別人，把無意當成惡意。以臺南機場爲例，誰不希望開張營業，但是其奈大霧何？飛機改降高雄，是迫不得已的決定，至少高雄距離臺南較近，仍可滿足部分旅客的需求。當然，如果航空公司考慮周全，顧客至上，進而安排專車主動把大家送到臺南的話，必能博得衆人的稱讚與感激，也充分顯示了大企業的負責精神。

即使以上所說的尙未實現，我也不必生氣。英國文學家王爾德說：「活得快樂，就是最好的報復。」誰越是惹我生氣，我越是在他面前要過得快樂。他看到我快樂，發現自己策略失敗，說不定不再惹我生氣了。然而，快樂豈能僞裝？或者，若是心存「報復」之念，還能眞正快樂嗎？

因此，我認爲所謂「最好的報復」，並不是假設了心中的恨意，而是假設了外在不可改變的條件。既然外在條件尙未改變，我能掌握的就只有自己的內心態度了。

換言之，決定關鍵在於修養：兼含智慧與自制。由此所得的快樂是真誠的，也是不會令人失望的。想不到「臺南機場」提供我這些沈思的材料，可謂意外的收穫了。

快樂的微笑是保持生命康健的唯一藥石，它的價值千萬，卻不要花費一文錢。

——美國經濟學家　奈斯比特

旗幟不明

年輕時立場鮮明，任何事情都是黑白二分，善惡之間不容混淆。我現在依然如此，只是多了兩點了解：一，自己不一定是對的；二，黑白之間也有灰色地帶。

西方一位哲人說：「善於隱藏者，乃善於生活。」隱藏自己，可以避開許多紛擾。生活本身有各種深刻的趣味，原本不必藉著外在的人際互動來增加熱鬧。這種思想接近道家的「全身保眞」，似乎是亂世中的自處之道。

不過，即使是治世，並且身爲知識分子，也不宜太過招搖。孔子對顏淵說：

「用之則行，舍之則藏，唯我與爾有是夫！」儒家也須觀察形勢，當行則行，當止則止，不能一味汲汲營營，以入世情懷做爲干祿求利的藉口。

我在學生時代，聽到方東美先生說：「我是儒家的家庭背景，道家的生命情調，佛家的宗教信仰，以及西方的學術訓練所塑造的人。」當時並不了解這些不同的質素如何凝聚於一人身上。現在自己進入中年階段，漸能體會一點，就是：儒家學者總是難以擺脫人間關懷，但是這並不表示非要投入世間活動不可，尤其在今天這個時代更是如此。

今天是民主、自由、開放、多元的時代，這些動聽的名詞合在一起，其實表示了：現代人可以自求多福，並且必須如此。只要不妨礙別人，你喜歡怎麼安排生活，悉聽尊便。不過，基本原則是要過得快樂些。既然談到「快樂」，就有主觀選擇的空間，但是更重要的是分辨：怎樣才是持久的、深刻的、眞實的快樂？

像羅馬帝國末期一般，每日以享受美食爲樂，以致吃飽了就吐掉，繼續無休止的吃喝。這是快樂嗎？似乎值得懷疑。身體好壞暫且不說，財富多少姑且不論，以滿足生理需要爲樂，必然形成彈性疲乏。刺激遞減的後果，最後備覺無聊，甚至陷於憂鬱的愁城。繁華的都市裏，多少人在忍受寂寞的侵蝕？

希臘時代的伊比鳩魯以主張「快樂主義」知名，但是幾經思索，卻決定以溫和的禁欲做爲生活準則。原因何在？在於這樣才能持久快樂，這樣才能減少物質欲望對自己的控制，也才能享受平靜安詳的心靈之樂。

我從隱藏談到快樂，目的只是想爲自己的「旗幟不明」稍作辯解。年輕時立場鮮明，任何事情都是黑白二分，善惡之間不容混淆。我現在依然如此，只是多了兩點了解：一，自己不一定是對的；二，黑白之間也有灰色地帶。更重要的是，許多判斷由於缺乏資訊而無從周全，以致大家對探求眞理的興趣，竟遠遠比不上對表達立場的興趣。光是表達立場，等於給自己戴上帽子，很快就會捲入意氣之爭。

於是，喧騰一時的臺北市大安森林公園觀音佛像是否遷移問題，我雖然十分關心，但始終未曾爲文評論。立法院「教師法」審議中有關教師能否享有「罷教權」的問題，我也看在眼裏、痛在心裏，卻依然不想多說。其他有關大、中、小學校園中所發生的種種事件，哪一樣不曾觸動知識分子的心弦？哪一樣不使人想

要大發議論、援筆爲文？但是，三十餘年的哲學訓練提醒我：光靠批評顯示於外的「現象」而不能直扣現象背後的「本質」，無異於追逐幻影，是不會有任何結果的。類似的戲碼照樣層出不窮，於是文人只能淪爲疲於奔命的清道夫。

有識者如余英時先生已經指出：臺灣的氣氛是泛政治化的，人人關心政治，以致未必能夠盡好各自的本分。我之所以隱藏意見，其實只是想要盡好自己的本分。朋友見面，談起中國前途或臺灣未來，總能聽到悲觀論調。但是我總是懷著信心，因爲我是教書的人，看到一代代青少年力圖上進，老師若無信心，國家如何會有希望？我最想做好的角色不是作家或演講者，而是老師，可以教書也可以研究的老師。爲了此一角色，如果需要隱藏自己的意見，我是毫不猶豫的。隱藏使人看來「旗幟不明」，但是有些隱藏卻是旗幟鮮明的，並且是格外的鮮明。

幸福不是一切，人還有責任。

——法國劇作家　卡繆

除舊之心

人生之所以可貴，正在於時間一去不復返；任何一剎那都是獨一無二的。因此，人時時面臨選擇的難題，選了甲，就不能同時選擇乙，若是延誤時機，則甲乙皆失。

一年容易又除夕，回顧過去，總會有些悵惘。在當時也許步步艱辛，事後卻有「船過水無痕」之感，究竟人生可以留下什麼，又應該如何去把握？歲末天寒，正適合作一反省。

曾子說：「吾日三省吾身；爲人謀而不忠乎？與朋友交而不信乎？傳不習

乎？」像他這樣日日反省的人，恐怕很少見了，我們或許可以一年反省一次，只是題材與內容需要稍加調整。

首先，今年有許多國際大事、國內大事，但是對我而言最重要的是什麼？所謂「重要」，是指具有轉捩點的作用。譬如，入學念書、畢業、就業、升職、成家等，都是一個人生命歷程的標竿。這些標竿代表一個開始或結束，使生命轉個彎，面對不同的天地。把「開始」與「結束」一併考慮，大概是人的天賦。美國學校畢業典禮，意思就是始業典禮。除非走完全程，否則人生絕無山窮水盡之時。有時外表看來跌入谷底，再無復起的希望；但是柳暗花明的卻是心靈的世界。我在思索「生涯規劃」的問題時，一定會強調回歸內在的潛能，提升知情意的水平，使自己在知識、藝術、道德的領域中日起有功，這種成就感不是外在因素可以左右的，何不善加體察？於是，對我而言重要的事，也可以包括心靈上的改變。事實上，心靈若是一仍其舊，依然故我，又怎麼可能說是遇上了什麼大事呢？

其次，個人與群體的關係益形密切，在資訊流通的今日更是如此。藉著電視與報紙，老子以前所謂的「不出戶，知天下」，徹底實現了。但是，所知愈多，所得卻可能愈少。在浮光掠影之中，只有訊息而無知識；即使稍加努力，有些知識，但是智慧似乎從指縫中流失了。我們要問的是，自己與群體的關係，究竟如何？正如別人只是一連串統計中的數字，我也不例外；那麼，我與別人還有可能作深刻的交往嗎？朋友見面時，至少應該擺脫職位、身分、角色、成就，而單單就「人」的意義來互相關懷。唯有如此，才可恢復人的完整性，也藉此恢復自我的完整性。那麼試問：我們一生中有幾位這樣的朋友？且就一年為期，可以反省自己交往最密切的是誰？交往的理由又是什麼？如果是為了利害，就是利害之交；如果是為了道義，則是道義之交。但是，利害與道義又怎能截然二分？正因為如此，我們才需要謹慎思慮，以求增加道義的分量。或者換個角度來問：一年之中，我們完全不計利害的做過什麼功德？根據統計，國人一年平均花在公益上的時間是：一人一分鐘。這是因為大多數人從未想過這個問題，當然也無暇去實踐了。

第三件需要反省的是：一年之中自己念過什麼好書？除了以教書為職業的老

師，以念書爲任務的學生之外，許多人對於書本可能相當陌生。日本成年人平均每年念書二十七本，我們的成年人的平均數是零點七。這個差距令人擔心。它顯示社會的理性程度不足，遇事容易訴諸情緒，譬如像省籍情結直至今日仍有市場，就是一個例子。古人說：「三日不讀書，便覺面目可憎，言語乏味。」我們也有類似的感覺嗎？光是念書不夠，還要選出好書來念。至於好書的定義，不妨見仁見智，但是無論如何，總須使人在「知、情、意」方面產生共鳴，進而提升心靈的層次。

人生之所以可貴，正在於時間一去不復返；任何一剎那都是獨一無二的。因此，人時時面臨選擇的難題，選了甲，就不能同時選擇乙，若是延誤時機，則甲乙皆失。我們在一年中錯過了多少時機？失去了多少甲乙？所謂「除舊之心」，就是要革除不好的舊習慣。至少從新的一年開始，提醒自己留意三個題材；最重要的事件、朋友、好書。有意如此，則新的一年將會顯得生動有趣，人生內涵也將更爲豐富而踏實。

有用的才華若不用，便如同日晷儀放在陰暗之中。

——美國政治家　富蘭克林

新年的計畫

舊的書還沒念完，新的書又湧進來了。對治之道唯有釐清自己的興趣與能力，否則備多力分，勞而無功。

從一九八四年回國之後，我在一九九六年作了一次生涯反省。這十二年期間固然有出國進修、參加學術會議、撰寫研究報告、升等、教學之類的專業活動，但是更多的時間與精力則放在演講與寫作上。看看書架上自己出版的書，已經超過五十本，其中四十本是推廣一般哲理、暢敘人生勵志的，大體說來還算是受歡迎的作品。

出書的附帶效益中，最值得一提的是：業強出版社因爲我的書銷路尚可，陳春雄社長特別發心支持我與沈清松教授共同主編一本《哲學雜誌》。顧名思義，這本雜誌是專業性極高的刊物，每年發行四冊，現在已經出到第十四期了。賠錢是一回事，意義與價值才是我們考慮的重點。但是如果虧損過巨，誰又能長期支撐呢？

想到我的通俗作品可以在某種程度上，支持像《哲學雜誌》這樣的刊物，我就覺得辛苦有了代價。由這點心意可以反映我做爲一個學者，所關心的終究還是在於學術。我寫過許多文章批評臺灣的學術界，這不僅是基於「愛之深，責之切」的心理，同時也有自我警惕的作用。警惕的結果，則是要求自己早日回歸到專心治學的天地中。

事實上，生活的步調很容易形成習慣；我過去幾年的習慣，說來既辛苦又慚愧，因爲它幾乎全由演講日程所決定。關於演講，我內心有著複雜的感受。哲學是我的本行，它給一般人的感覺是抽象、空洞、言之即使有理也未必有什麼用處。除了在大學中聊備一格以外，它對實際人生還有什麼意義呢？在這種氣氛中，如果有人邀請我演講，我如何忍心或捨得「拒絕」呢？即使不為自己著想，我也希望自己的學生減少一些受誤解的壓力。

情況的演變不是我能掌握的。我逐漸由「受邀請」到「受驅迫」，最後一發不可收拾，達到一年一百八十場的紀錄。但是，我仍堅持先盡好自己的教師本分：從不請假，也從不缺課。如此一來，休閒的時間成為奔波於各地講臺的過程了。如果這算是人生的「急流」，那麼現在就到了「勇退」的時刻了。

時間一去不復返。這麼簡單的道理實在不需別人提醒，但是多少人清醒地意識到它的嚴重性呢？我可是費了很大的力氣才下定決心的。我必須調整自己的作息與腳步。首先，在寫作方面，能省則省，尤其要考慮所花的時間。我在報紙上只保留兩個小專欄，藉以發抒已經成為習慣的「不吐不快」的感受。演講則是漸漸停止，除非在時間與空間上極為方便，而在作用上又極有成效。如此一來，我每月大概要用四天時間寫作，兩天時間演講，應該是可以負荷的，並且可以調節心情。心情轉移到教學與研究上，尤其以研究為先。大學中的教學，往往在準備兩三年後，就不必太費心了，除非是研究所的課。而研究所的課正好可以安排在自己研究的範圍中。於是，研究乃成爲生命的重心。這是必須長期伏案、專心致志，才能稍有成績的。

研究人文方面的學者，念起相關著作實有浩如煙海的感覺，想念、該念而未念的書永遠列不完。舊的書還沒念完，新的書又湧進來了。對治之道唯有釐清自己的興趣與能力，否則備多力分，勞而無功。這是新的習慣才能奏效的。新的習慣就是生活趨於單純，幾乎沒有社交活動。離群索居還不至於，但是息交絕遊則是必要的。若是不能習慣這種比較清靜的生活，又怎能做學問呢？

相對於這個時代的喧囂浮躁來看，學者的生活算是不同的型態。可喜的是，今日學者只要有一個教職足以安身，其他的全在可有可無之間。重要的是心。心定一切靜，然後可以在無涯的學海中遨遊。如果不是爲了知識的趣味，當初何必選擇學者之途？這是一生的轉捩點，就由今年開始。一年的時間並不長，但是做爲一個新生活的開始，卻有指標意義。這是我對自己的期許。

如果錯過太陽時你流了淚，那麼你也要錯過群星了。

——印度詩人　泰戈爾

一個完美的世界

完美的世界不是沒有壞人、沒有警察、沒有各種違法亂紀的事。那麼它是什麼?它是一個尊重小孩、容許他們快樂的世界。

名為「強盜保鑣」的這部電影，原名是「一個完美的世界」（A Perfect World）。中文譯為「強盜保鑣」，大概是因為男主角凱文．科斯納前一年才以「終極保鑣」一片贏得讚譽與票房。同時，此片中的他確實是個反派角色，飾演一個八歲時就開槍打死人的孩子，多年後因為偷東西被判刑四年，然後越獄逃亡，途中挾持一個八歲的男孩當人質。他與這個孩子在逃亡期間的遭遇，構成這部電影的故事主軸。

這樣的故事怎麼會與「完美的世界」扯上關係呢？是的，影片以反襯手法所描寫的世界是極不完美的，亦即：沒有一個孩子是快樂的。連孩子都不快樂，那是什麼樣的世界啊！我們且以片中出現的孩子爲例說明。

一、男主角海恩（凱文飾演）自小隨母親住在妓院，八歲時見母親受人毒打，隨手拿到槍就殺了壞人，母親死後，他跟著父親，常受虐待。但，越獄時，他一心想去的地方仍是父親所在的阿拉斯加，臨死時，他手中還緊握著父親自阿拉斯加寄來的風景明信片。這種悽慘的幼年經驗使他一生痛恨別人欺凌小孩。他所崇拜的最高價值似乎是：孩子的安全與快樂。譬如，他的越獄伙伴因爲欺侮八歲的人質菲利，竟被他無情地殺害。

二、做爲人質的菲利是在單親家庭中由母親撫養長大的。海恩問他上次見到父親是什麼時候？他根本想不起來。他的母親按照自己的宗教所定的規範，不准他參加許多屬於小孩的遊樂與嬉戲。像萬聖節的串連活動，成群小孩戴上面具，挨家挨戶按鈴，大聲喊：「不給糖就搗蛋」，一直是菲利的夢想，但是無法實現，然而，在關鍵時刻，他仍維護說母親是很好的。海恩臨死前的願望只是：要菲利的母親答應小孩的一切童年心願。

三、海恩挾持菲利逃亡途中，兩人培養了深厚的感情，形同父子。他們遇到一家人在山坡草地上野餐，狀甚和樂。但是，在車上，這家人的兩個孩子因為嬉戲而打翻了可樂，弄髒了座墊，乃立刻遭到母親的嚴厲叱責，大人重視車子的整潔，勝過重視子女的快樂。其實未必如此，他們只是不把小孩的感受放在心上罷了。誰會留意小孩自身的需要呢？小孩跟著大人成長，笑罵由人，逆來順受，熬成大人之後，再以同樣方式對待下一代。誰可以突破這種惡性循環？在片中，是殺人越獄逃亡的海恩。他沒有快樂的童年，但是卻處處為孩子們伸出援手。

四、然後，他們路過黑人農夫家，受邀留宿一夜，這家住著三口人，是祖父母與外孫。黑人祖父只要看到外孫不聽話或動作稍慢，隨手就是一巴掌，打成了習慣。海恩實在忍無可忍，管上了家務事，動了殺機；但是，菲利也受不了海恩動輒殺人，竟拾起槍對海恩扣下扳機，打中左腹。接著菲利難過又害怕，奪門而逃，海恩在後緩緩隨行，到了寬闊的青草地上，海恩不支倒地，菲利自行走回他身邊。這時，大批警車總算趕來了，形成包圍之勢，眼看海恩在劫難逃。最後一幕是：海恩死了，而菲利卻對他依依不捨，讓在旁圍困的警察大惑不解。這樣的一個強盜，卻能贏得小人質如此深刻的依戀之情。人性的奧祕何只讓警察與觀衆無法索解，連哲學家與宗教家也不能說得透徹明白。

因此，完美的世界不是沒有壞人、沒有警察、沒有各種違法亂紀的事。那麼它是什麼？它是一個尊重小孩、容許他們快樂的世界。大人不應該爲了宗教上、教育上、社會上的任何理由而剝奪小孩無害的樂趣，更不能以大人的暴力横加欺凌。單親與否也許是大人的無奈，但是小孩仍有苦中作樂的權利，至少不能成爲大人的出氣筒。這部影片的光明面在於：即使大人對小孩不好，小孩在內心深處依然愛著他們。如果大人繼續執迷不悟，難道要靠「強盜保鑣」來爲小孩伸張正義嗎？

如果你批評他人，你就沒有時間付出愛。

——阿爾巴尼亞　德蕾莎修女

小人與英雄

人總須有所愛，才能展現人格的正面情操。

我在課堂上討論到「神話」類型時，提及「英雄」神話的特色是：退出原有社會，在外地接受考驗，然後復返成爲衆人仰望的明星。課後有學生發問：電影「小人物大英雄」裏的拉潘算不算英雄？我的答覆是：我沒有看過這部電影，將來看了再說。

周末到了錄影帶出租店，我自然指定要看這部電影了。故事情節並不複雜，拉潘是落魄庸俗的小職員，賣贓物，偷信用卡，言行卑劣，唯獨對於分居後由太太撫養的兒子甚爲思念。某日，他穿著新鞋、開著破車，準備接兒子去看電影。孰料中途車子熄火，卻見前方橋上撞了一架波音客機。客機起火燃燒，艙門須由外面才能打開；拉潘聽到呼救聲，只好無奈地脫下鞋子置於河邊，涉水過去撞開機門。這一下他救了不少旅客。

此時，一個孩子求他再回機內去救走失的父親。拉潘心中不忍，遂返回機內救出三個傷者，其中之一是電視臺的女記者。拉潘救她時，順手牽羊偷走了她的皮包。然後，人群散去，拉潘到了太太的家，已經遲到三個小時了。他的新鞋掉了一隻，渾身汙泥，狀極狼狽，結果當然被太太怒斥一頓。

車子既然報銷了，拉潘只好在路邊搭便車回去自己的公寓。這個幫忙的好心人是個專門收舊物的卡車司機，名叫布博。拉潘把僅剩的一隻鞋捐給了他。接著，劇情節奏轉趨熱鬧，大家都在詢問：是誰救了出事的飛機乘客？誰是「一〇四班機的天使」？五十四個乘客都想知道誰是恩人？其中又以女記者凱麗最爲積極，透過媒體渲染，搞得全國人都在尋找這個神祕人物。

然後，在河邊找到一隻鞋子。另外一隻呢？誰有另外一隻鞋子，誰就是主角了。電視臺懸賞一百萬。此時，拉潘正好因偷竊而入獄，卻見電視上宣布已經找到這個英雄，不是別人，卻是那個卡車司機布博。布博立即成爲英雄，天天上電視示範自己的愛心，遍行各種慈善事業，簡直變成活聖人了。但是，布博心裏有數，知道自己是冒牌的，擔心隨時遭人揭穿。

拉潘垂涎的是一百萬，並且他也確實是故事主角，但是誰會相信他呢？所幸，警察找到凱麗的信用卡，這張卡不是隨著飛機爆炸而焚毀了嗎？難道「布博」在救人時還偷了皮包，再轉售給拉潘？或者，布博根本是騙子，而拉潘才是英雄？無論如何，英雄怎麼會有小人行徑？凱麗走訪拉潘，在他住處搜到凱麗帶在飛機上的獎牌。至少這證明了拉潘與飛機救人之事必有極大關係。

此時，傳來布博爬到旅館十五樓陽臺準備自殺的消息，一行人立刻趕去，拉潘與布博這才面對面可以說話。拉潘勸布博繼續扮演英雄，只須答應下述條件：供應拉潘的兒子念到研究所的一切學雜費，提供拉潘固定的顧問費，並且向法官證實拉潘心地善良，可予交保云云。何以如此？因爲拉潘對於媒體、群眾、醫院、兒童、善行等等，實在沒有興趣，他只是個平凡的小市民，只要衣食無缺，兒子敬愛自己，如此於願已足。

協議成功，皆大歡喜。我們學到了什麼？

第一、英雄其實潛藏在每人心中，只看有無特定機緣可以逼現向善的行爲。拉潘縱是世人眼中的流浪漢，也有伸手救人的愛心與勇氣。布博雖然冒名頂替，也懂得努力行善，並且深自愧疚想要輕生。第二。電視媒體的操控使人敬畏，可以化腐朽爲神奇，記者的聳動口才與挖根本領可以顚倒黑白、無中生有。凱麗得悉眞相後，決定辭職不幹，可見她天良未泯。第三、人總須有所愛，才能展現人格的正面情操。拉潘若非深愛其子，則不僅一無可取，也不易在關鍵時刻從小人蛻變爲英雄。看來親情仍有持久的與普遍的力量。

嚴肅的人模仿高尚的人的行動，輕浮的人則模仿卑劣的人的行動。

——希臘哲學家　亞里斯多德

辛德勒的抉擇

每一個人都是神所造的，都是不可替代的，都有無限的價值可以實現。

「辛德勒的名單」獲得八十二年度奧斯卡七座金像獎，因此純粹就電影藝術來說，也是值得一看的影片。導演史匹柏承認這部電影使他感覺心靈被掏空及耗盡了，因爲故事主題在於描述二次大戰期間德軍屠殺猶太人的一個場景，而史匹柏正是猶太人的後裔。

這個場景發生於波蘭，納粹德軍以征服者的姿態，對猶太人實施滅絕種族的殘酷計畫。他們視猶太人的性命如草芥，恣意侮辱及殺戮。辛德勒原是平凡的德國商人，一生等待的就是戰爭所製造的機會，並藉此機會大發利市。他利用廉價的猶太勞工，生產軍用鍋盤。由於懂得交際手腕，他在德軍軍官中無往不利。他是典型的剝削者，但是因而保護了衆多猶太工人。

如果在商言商，辛德勒不好也不壞。他記得父親的教訓，知道成功者需要三個朋友：醫師、牧師與會計師。前兩者的作用暫時還不明顯，會計師則十分搶手。他找到精明的猶太人幫忙，「以猶制猶」，然後自己專務於與德軍統治者應酬，吃喝玩樂之餘，錢財滾滾而來。

相對於德軍統治者的嗜殺與暴行，辛德勒的工廠簡直像是天堂。影片中的節奏是由一幕幕殺人鏡頭所疊成的，辛德勒的人道精神變得日益鮮明。看到納粹的行爲，如果還有人主張人性本善的話，恐怕不是「非愚則誣」，就是「睜著眼睛說瞎話」了。觀衆心裏不禁會問：怎麼那麼狠心？殺人就像踩死螞蟻一樣？難道有權者可以如此任意凌虐弱者？這不是高度文明的二十世紀了嗎？

總之，事情就是如此發生了。戰爭末期，德軍敗象已露，於是加緊進行屠殺猶太人的計畫。辛德勒面臨了抉擇，他花了數百萬馬克從德軍統治者手中買下一千一百名俘虜，分乘兩列火車前往捷克另設工廠。載運男性的火車順利抵達預訂目的地，但是女性列車卻因文書錯誤而抵達「奧斯維茲」，那是惡名昭彰的大屠場。辛德勒怎麼辦？

他的俠義精神充分表現出來，想盡一切辦法對德軍軍官軟硬兼施，終於在千鈞一髮之際從毒氣室中救出了數百名女工與小孩。當辛德勒親自率領大隊人馬回到新工廠時，那種「救命恩人」的形象發出耀眼光芒。人生得此機緣，單單為此一事，已經可以無憾了。

更難得的是，新工廠以生產彈殼為主，而辛德勒根本無意於賺錢，只想虛與委蛇。他所製造的彈殼都是不能發射的，目的是為了削減德軍戰力，以求戰爭早些結束。這時他心中想的不再是個人的錢財損失與應否效忠國家。像這種罔顧人道、鼓勵暴行的納粹政府，又哪裏有資格成為祖國呢？辛德勒為此付出了慘重代價，把他從前所賺的錢全部花光，到了破產的地步。

幾乎就在同時，德軍戰敗投降。辛德勒勸阻守軍不再屠殺僅存的猶太人，然後自己收拾行李準備逃亡。猶太人是感恩的，全體簽名證明他是義人，曾經救助數以千計的俘虜。猶太牧師說：「根據我們的信仰，救一個人，等於救一個世界。」每一個人都是神所造的，都是不可替代的，都有無限的價值可以實現。

電影的最後一幕是：辛德勒爲了自己沒有多救幾個猶太人而深自痛悔。如果一輛轎車可以換回十個人的命，一支金製別針可以換回一個人的命，那麼爲何不做呢？還有什麼比人命更重要的？這是人道主義從亙古迴盪到今日的永恆呼聲。

電影中令人屏息的時刻，是以打字機把名單一一打上的那一幕。名單上的人可以活命，名單外的人則難逃死神的魔掌。看了「辛德勒的名單」之後，希望這個世界不再有製造這一類名單的情況發生。六百萬猶太人的慘死如果喚不醒人類的覺悟，誰又能保證未來不再出現更大的悲劇呢？像辛德勒這樣的商人是令人敬佩的。

道德是永存的，而財富每天在更換主人。

——希臘傳記作家　普盧塔克

大地英豪

弱小的部落無法抵擋強勢的武力，但是征服者又何嘗享受眞正的快樂？

美國於一七七六年獨立。獨立之前的幾十年，英國與法國兩股勢力在美洲大陸爭戰不休，受害最深的自然是原住民印地安人，其次則是在偏遠地區屯墾的移民。移民爲了擁有一片土地，以勞力換取獨立自由的生活，只好冒險奮鬥，抵抗各種天災人禍。一遇戰爭，他們就須表態支持英軍，否則即是不忠，甚至還須入伍支援，像正規軍人一般作戰。法軍的報復手段毫不留情，趁機率領投靠的印地

您亦可將正反面資料回傳，FAX：（02）2578-9205

購買的書名：__________

●這本書給我的感覺是：（1 非常滿意 2 適中 3 尚須改進）

內容題材 ______ 封面設計 ______ 字體大小 ______

版面編排 ______ 印刷裝訂 ______ 書籍價位 ______

●我對這本書的建議是：

●我通常買書的方式是：

☐書店 / ☐金石堂 ☐誠品 ☐新學友 ☐其他 ______

☐便利商店 / ☐ 7-11 ☐全家 ☐ OK ☐其他 ______

☐量販店 / ☐家樂福 ☐大潤發 ☐其他 ______

☐網路購書 / ☐博客來 ☐博識網 ☐其他 ______

☐劃撥郵購 ☐信用卡訂購 ☐團體購書

●我獲得書籍的訊息的管道是：

☐書店 ☐報紙廣告 ☐廣告傳單 ☐報章書評 ☐電視

☐廣播 ☐九歌雜誌 ☐親友介紹 ☐網路介紹 ☐其他

●我喜歡的書籍類型：

●我希望看到這些作家作品：

安部族掃蕩屯墾區，連婦孺亦不放過。

印地安部族的命運更慘。他們必須分別投靠英軍或法軍，擔任斥侯及嚮導，彼此之間新仇舊恨糾纏不清，常常弄得全族覆亡。「大地英豪」正是在這樣的時空背景下，描寫摩和克族的最後幾位勇士（The Last Mohicans）。影片一開始，三人跳躍奔騰於山林之間，圍捕一頭野鹿。隨著槍響，野鹿應聲倒地。金卡加口誦禱詞，贊美鹿的機靈，感謝神明的恩待。印地安人若不獵捕動物，何以在亂世維生？

中年的金卡加是摩和克族人，他的兒子安卡斯年輕勇敢，追隨身邊。影片主角那達耶是金卡加的養子，原是白人後裔，在襁褓中即遭父母雙亡的悲慘命運，由金氏撫育成人，學得一身好本事。這三人就是全族僅存的勇士。打獵之後，他們照例到屯墾區的甘家做客，朋友歡聚，談起英軍強征移民之事。後來甘氏入營服役，妻與子留居家中，以致家毀人亡。這是當時許多移民的不幸遭遇。

金卡加父子三人繼續打獵行程時，發現休倫族戰鬥部隊的足跡，遂跟蹤查探。故事的另一主線，是駐守某城的英軍門羅上校，派遣鄧肯上尉接回自己的兩個女兒。回程由休倫族馬瓜擔任嚮導，而馬瓜其實是蓄意報復而偽裝投靠英軍的。他的家人多年前全部被門羅上校的英軍所害，因此矢志手刃門羅及其二女。這就說明了休倫族戰鬥部隊的攻擊目標了。馬瓜一聲令下，護送的一連英軍片時之間死傷枕藉，只剩鄧肯上尉與門羅二女。在此危急時刻，金卡加三人出現，神槍飛刀如電閃而至，盡殲休倫族人，只有馬瓜倉皇遁走。

然後，門羅二女的姊姊可娜與那達耶發生戀情，妹妹愛麗絲則與安卡斯互相愛慕。他們抵達門羅上校的駐城時，才知道該城陷於法軍重砲圍攻，即將棄守。法軍指揮官不願與英軍白人相殘，遂網開一面，讓門羅率部離城。更大的危機隨著撤走的英軍而來，因為馬瓜帶著休倫族精銳戰士埋伏於森林中。攻擊開始，英軍一敗塗地，門羅命喪馬瓜之手。又是千鈞一髮之際，金卡加三人身手矯健、武藝高強，亂軍之中如入無人之境，救出兩姊妹。然而，馬瓜緊追不捨，金氏三人只好躍入大瀑布脫身，伺機再來營救被擄的姊妹。

休倫族的老酋長不願見到馬瓜嗜血成性，就在族人大會上同意以鄧肯上尉代替可娜被火燒死，可娜隨那達耶離去。馬瓜不服，強行拘走愛麗絲。安卡斯眼見愛人被帶走，情急之下，隻身追趕，在崎嶇山道間奔高走低，攔截住馬瓜一行。連斃五人之後，力竭再戰馬瓜，安卡斯終於不敵，由山腰墜落山谷；金卡加與那達耶救援不及，悲愴呼天，愛麗絲一言不發，飄然跳向安卡斯喪命之深谷。看來淡淡的情愛，卻有生死相許之志，使人低迴不能自已。

金卡加施展一身功夫，殺了馬瓜爲子報仇。中年的他遙望天際，喃喃禱告：請諸神接納我的兒子，他是聰明、勇敢、正直的青年。接著他說：「我是最後一個摩和克人了！」此時，落日餘暉漸漸籠罩山林，如此美好的大地爲何總是上演一幕幕的殺戮與無止無盡的悲劇？弱小的部落無法抵擋強勢的武力，但是征服者又何嘗享受眞正的快樂？如果剝除現代文明的裝飾，我們還有多少值得自豪的品格？「大地英豪」中的摩和克人喚醒我們心中對眞誠人性的嚮往，戰勝邪惡力量的，不是武功，而是無以言喻的愛。

我要把雙手伸出來讓世人看，我雖然奪得了這麼多土地，死後卻連一點塵埃也沒有帶走。

——希臘帝王　亞歷山大

Part 5

累積成果，而不是追求掌聲

沒有人可以用一套策略面對所有的人，
更不可能只靠策略就與人維持長期的友好關係。

計程車司機與教授

有了職業，是一回事：如何由職業中得到快樂與尊嚴，則是另一回事。

計程車坐多了，總會碰到一些有趣的事。

記得許多年前，剛剛回國時，有一次搭計程車到臺大上課。司機是個好奇的人，隨口就問我：「先生，你去臺大做什麼？」我說：「教書。」他立即以尊敬的語氣說：「那麼，你是臺大教授了？」

我答：「是啊！」心中不免詫異他對教授的重視。誰知道他接著問了一句話，才使我恍然大悟。他說：「那麼，你一個月十幾萬了？」原來他是對教授的待遇表示敬意。

我不免有些尷尬，回答他：「沒有這麼多啊！」

他改變語氣：「那麼，到底有多少？」人在車上，身不由己，我只好從實招來：「只有三萬多。」他聽了立刻緊急煞車，大笑兩聲，回頭對我說：「那不是跟我差不多嗎？」

我由笑聲知道他很快樂。他的快樂使我陷於沉思，第一次覺得教授待遇不夠理想。

我後來訂下計劃，利用教學之餘，從事寫作與演講，一方面是延伸自己的興趣，另一方面也是爲了改善生活。

另一次是從臺大校門出來，坐上計程車。司機問明我的目的地之後，就說：「先生，你是臺大教授嗎？」我說：「是的。」他接著以謙虛的口吻說：「那麼，我想請教你一個問題。我最初開計程車時，很怕鄰居知道我的職業。所以，我每天晚上回家時，都把車子停在離家三條街以外的地方，然後提著一個黑皮包回家，希望鄰居以爲我是個上班族。三個月之後，自己也覺得吃不消，乾脆就把車停在家門前，讓鄰居都知道我是開計程車的。請問教授，我這種心理是正常的嗎？」

他自己敘述了一個簡單的事實，結局則是「面對實際的處境，接受現狀」。這種心理十分正常。我們最初會在乎別人的觀感，害怕別人瞧不起自己。後來漸漸發現，自己付出的代價似乎太高了些，並且開計程車也是正當職業，完全自食其力，有什麼不對呢？

問題在於：有了職業，是一回事：如何由職業中得到快樂與尊嚴，則是另一回事。

有些計程車司機不但以車爲家，甚至以車爲商店，以車爲廟堂。商店是指陳列商品，向乘客推銷，較爲常見的是中藥與手錶。列出目錄與價格，送上自己的名片，儼然是個商場老手的架式。

我比較欣賞以車爲廟堂的司機，他在前座車窗前掛滿了各式迷你佛像與佛珠，燃起檀香，使人一入車內就有六根清淨之感。然後，陣陣佛樂「南無阿彌陀佛」以緩慢的節奏一再重複。

這時遇到塞車，就無所謂了。坐在車上，暫時遠離塵囂，或許這是都市清修的方法之一呢！

大多數計程車司機都是敬業的，一切照規矩來。最近幾年，情況稍有變化。有些司機喜歡聽地下電臺的播音，我的感覺是不太自在。謾罵之聲、殺伐之氣，隨時都要動手相向的樣子。司機可以有個人的政治信仰，但是在收聽這類節目時，似乎在考驗乘客的立場。如果乘客面露不豫或出言勸告，有的司機就冷嘲熱諷，甚至趕人下車。

輔大校長李振英教授說，他有一次在計程車上聽到這一類廣播，與司機辯駁了兩句。司機立即停車叫他下去，還說：「如果不是看你這麼老，我就揍你一頓！」

這哪裏是什麼民主國家的一般公民的表現？這樣的司機越來越多的話，乘客恐怕就會越來越少了。

我常搭計程車，可以體會司機的辛勞，也了解某些電臺受司機喜愛的原因。

但是，任何職業都有職業道德，司機也不例外；對乘客而言，他只求安全、舒適地抵達目的地。若能在心靈上不受干擾，也算是意外的收穫了。

> 最重要的不是知識的數量，而是知識的質量，有些人知道很多很多，但卻不知道最有用的東西。
>
> ——俄國小說家　托爾斯泰

但求尊重

人生苦短，可以做的事太多了；與其把理想當使命感浪費在官僚體系上，不如以寫作與演講直接向大眾訴說。

以狹義的知識分子來說，大學教授與專家學者可以做為代表。他們表現兩點特色：一是具有使命感。二是要求別人的尊重。

使命感由何而來？由自覺及社會期許，但是眞正的根源則是「知識」。知識使人明白特定事理，對現實世界的相關問題也有定見與遠見，不吐不快。使命感是一回事，能否按照自己的見解去改善現況則是另一回事。許多知識分子採取子夏的建議，「學而優則仕」，但是做官之後卻未必可以貫徹初衷，有如「人在江湖，身不由己」。

尷尬的是，一旦加入官場，在官僚體系與科層制度的約束下，知識分子的角色與使命感立即轉化成「業務的推動者」，必須腳踏實地，無法空談理想。因此，知識分子常常處在兩難之中。既有使命感，當然希望得君行道；一旦投入仕途，又必須遷就現實。爲了紓解這種左右爲難的困境，官方人物或政府機構喜歡以聘請顧問，成立委員會的方式，邀請相關的「尙未從政」的知識分子共襄盛舉。受邀者大致分爲兩大類：一是預備及有心從政者，先作些熟悉環境的工作；二是雖有使命感，卻無心於仕途者。在第二類知識分子看來，由於清楚知道自己的使命感「不可能」移轉爲教學研究以外的任何活動，因此在接受官方邀請參與提供意見時，首要的考慮只有一點，就是：但求尊重。

然而，「尊重」談何容易！一般的情形是：政府機構有一腹案，想要集思廣益，就邀請學者專家座談，大家一起來背書。所謂學者專家，有如聽候召喚的忠僕。他們的「忠」原是出自使命感，並且是針對國家與人民的，現在卻淪爲「工具」。一位大學校長曾在教育部主持某委員會，研究升學問題。政策執行引起社會爭議時，輿論的焦點轉向他，他公然聲稱：這些委員每次開會只發一千元，能作什麼研究，又能提供什麼建議，大家只是來支持既定政策而已。

由於明白上述實情，我總是盡力推託官方的座談會。然而，事關文化與教育時，又會猶豫不決，我在乎的不是一千元，而是最基本的要求：尊重。試舉近來個人的兩次經驗爲例說明。

兩周以前，某單位一位專員打電話請我參加一個評審公視節目計畫的座談會。我堅辭不果，因爲她好說歹說使我覺得自己非去不可，不然就太自私了，好像將來若是電視有了不良影響，也須我負連帶責任似的。在學期即將結束，亦即一年之中最忙的時候，我敲定了一個上午預備去開會。結果呢？開會當天早上八點，這位負責聯絡的專員打電話來了，說要「取消」原訂的會議。我追問原因，她說：因爲主持會議的長官臨時有事，無法出席主持。我心中甚爲不悅，請她轉達所謂的長官：一，臨時取消預定的會議，是十分不禮貌的事，無視於別人的時間與工作。二，從此該單位的會議都不必找我去消遣了。

這是某些政府機構長官的待人之道。那麼，教育界是否稍好？臺北市教師研習中心曾經邀請我去爲國中主任班上課，時間定在周一下午。結果呢？當時正逢林昭賢先生到任教育局長。研習中心在上課前三天打電話來，告訴我：林局長周一下午要向主任班訓話，所以傳教授的課程取消了。這是通知，而不是商量，因此我連抱怨的機會都沒有。我能做的只是：從此不再去研習中心上課。

也許有人認爲：文化與教育十分重要，如果將來換了主持人，再表達應有的尊重，那麼上面所說的「從此不再」是否可以取消？我的回答是：人生苦短，可以做的事太多了；與其把理想當使命感浪費在官僚體系上，不如以寫作與演講直接向大眾訴說。「行其所當行，止於其所不得不止」，等到無話可說或者說了無用時，不妨安心念書。

良心是我們每人心頭的崗哨，它在那裏値勤站崗，監視著我們別做出違法的事情來。

——英國小說家　毛姆

模糊的趣味

交朋友可以是「相見恨晚」，也可以是「日久生情」，就怕沒有眞心做爲基礎。

有一天，上課的時候，我想介紹一部電影「大地英豪」，背景是英法二國在美洲爭奪殖民地霸權，與當地的印地安部落之間的故事。爲了抓住話頭，我想由發現新大陸的人說起，他是誰呢？當然是哥倫布了。但是，我停頓了三秒鐘，因爲心中出現的名字一直是拿破崙。

又有一次，我談起流行的訓練機構中，可以幫助人增加潛力，發展健全的人際關係的，但是，那叫什麼名字呢？我心中忽然出現臺大校門口對角的「肯德基」三個字，但是，這是一家炸雞店的招牌啊！停頓了三秒鐘，我想起了「卡內基」。

把哥倫布說成拿破崙，尚且情有可原；但是，由卡內基想到肯德基，就有些荒唐了。大概因爲時近中午，胃部分泌較多，腦波有些衰弱的緣故吧！何以談起卡內基？因爲當時女兒考上了大學，休息遊玩了一陣子，自覺不能再浪費時間，必須整頓精神，準備做個大學新鮮人。如何整頓？她上街買了一本卡內基的書，且讀且思，邊念邊學，念完之後，頗有一些心得。只要擺脫聯考的壓力，自由閱讀反省，年輕人的學習效率是相當明顯的。

根據她的心得，如果想在人群中結交朋友，首先必須練習的是「傾聽」，傾聽別人說話。人們用得最多的字向來是「我」，這表示大家都希望自己受到重視。你若認眞聆聽某人說話，他的自我受到肯定與鼓勵，自然會投桃報李，立即對你作出善意的回應了。

「但是，」女兒接著問我：「如果同學們都念過卡內基的書，大家都知道傾聽的重要，也都準備傾聽別人說話，那麼，誰要說話呢？」

我的回答是：第一，這裏的「假設」未必成立，也就是不太可能「大家」都念過卡內基。第二，萬一假設成立，就須接著反省：自己是不是眞的有話要說？我所說的話是否眞有見解，對別人有些參考價值？如果確有自信，就不必客氣，表現出來請大家指正。

其次，卡內基教人溝通的策略是：讓別人說出我要表達的意見，也就是借別人之口來說自己的想法。譬如，大家開會討論郊遊的地點時，我想去陽明山，那麼就要設法讓別人說出這個意見，好像是他想去陽明山似的。我們都知道，開會時，做一個倡議者，很容易引起反對立場的批評與修正；但是，做一個附議者，就占盡了優勢，可以隨意選擇某一主張去附議，好像自己代表了沈默的大多數。

民主社會中的選舉模式，已經內化爲大家的思考習慣了。因此，如何爭取附議者，或者如何使自己明明身爲倡議者卻保持附議者的角色，無疑是需要高度的智慧了。

那麼，究竟卡內基所教的是什麼？簡單說來，就是「以己度人，設身處地」，由一種比較廣闊的、高超的眼光來看待全局。自己明明身在局內，卻能提振精神由局外人的角度來看待局內人之間的互動關係，然後採取特定步驟，以期得到自己所希望看到的結果。

這種策略在開始時是有效的，可以博得別人的好感與信賴，但是日久天長之後，還是要看一個人的眞正學識與見解。交朋友可以是「相見恨晚」，也可以是「日久生情」，就怕沒有眞心做爲基礎。

年輕人學習與人相處，是自我成長的重要階段。不過，策略或手段終究不能取代人與人之間眞實的情義。談到人與人之間，又要看「自己」與「別人」各有些什麼樣的性格與理想、志趣與抱負。沒有人可以用一套策略面對所有的人，更不可能只靠策略就與人維持長期的友好關係。模糊理論有許多相應於人生眞相的部分，也就是不必求其完全精確，保持一些彈性，讓自己與別人都有延伸到不可知的未來的機會。由於模糊，人生充滿趣味；但是，對於自我的認識，卻不能以模糊爲推拖的藉口。

成熟，就是有能力適應生活中的模糊。

——奧地利心理分析學家 佛洛伊德

寫作猶如考試

閱讀與寫作是相輔相成的。我讀的是最艱深的哲學，我寫的是淺顯的說理小品。化深爲淺的表達方式，是我的寫作原則。我的心靈在閱讀中日益豐富，並且在寫作中日益活潑。

考試的時候，面對一個問題，立即在心中搜尋正確的答案。寫作像考試一樣，只是它的問題沒有標準答案，必須由你自行發揮。發揮的結果如何，就看能否引起讀者的共鳴了。這是我對寫作的感想，聽起來似乎頗有壓力，所以最好稍作說明。

我從小並無家學淵源，雖然念書用功，文筆却乏善可陳。讀到好的文章，只能欣賞讚嘆，從未奢望自己將來會成爲作家。到了大學時代，因緣湊巧，答應爲人翻譯一本《宗教哲學初探》的書，內容是西方古典哲學的重要文獻，推理謹嚴、論證明確、文筆精練。我的翻譯態度十分認眞，幾乎與考試無異。譯成之後，頗受師長輩的肯定，由此增加了我的信心。

於是，翻譯成了訓練思考能力、修飾文詞語句的主要手段。前後譯了近十本書，大約二百萬言，然後我才有提筆爲文，敘述自己心得的把握。梁任公自稱「筆鋒常帶感情」，我羨慕這種造詣，但是苦於無法追隨，結果還走上相對的一端，就是「筆鋒不帶感情」，盡量求其說理明暢。這是爲了「藏拙」，也是爲了凸顯哲學研究所造成的良性影響。我選擇了「說理小品」，做爲自己的寫作方向。

在美國留學的第三年，爲了貼補家用，我開始爲報紙寫專欄。每周一篇，每篇一千字，自訂題目，按時交稿，這不是與考試無異嗎？我寫的內容是「成功人生」，屬於勵志作品，所參考的英文資料多達六、七本書。這本作品文集後來獲得國家文藝獎，評審委員的評語中有一句話：「每篇皆引述中外名人軼事、格言，深富啓發性。」

當時寫作時找不到有格稿紙，紐約中國城所售的是每張五百字、十六開、像A4的打字紙一般大小的。我寫慣了之後，想要換寫每張六百字或三百字的稿紙，都覺得極不自然，少了許多靈感。在原子筆方面，只要顏色深些，不會漏油，筆尖滑利，每支七元的就可以使用了。許多朋友勸我學習電腦，說電腦對寫作如何方便，但是我看到打字鍵盤，就全無興趣了。我到現在出版五十多本書，每一個字都是親筆寫下的，以後大概也是如此。

對我來說，寫作時唯一的矛盾是：一方面我希望由別人訂題目，我來回答；另一方面我又希望自己「有感而發」，想到什麼就寫什麼。前者是應編者或讀者的要求，後者則是一意孤行、率性而爲。大體而言，我比較喜歡率性，但是，如果沒有期許與壓力，多少人有耐心執筆爲文呢？何況，別人訂了題目之後，總不好意思退稿不刊的。這些年來，我在此一矛盾中找出中庸之道。我歡迎別人訂題目，但是要自己喜歡的才寫。不然，就只好率性些了。許多報紙都容忍我的率性，讓我寫了多年的專欄。我寫得最自在的卻是《明道文藝》上的專欄。陳憲仁社長經常在收到我的傳眞稿後，打電話來討論內容，並且一再對於我能控制字數到不增一行、不減一行的程度，表示佩服之意。其實，這是我多年來自我訓練的結果，就是完全尊重編者的規定，在一定字數內把話說清楚。這好像又是一種面對考試的認眞心態了。

我習慣在清晨提筆，因爲那時尙無雜念，比較容易專注於固定的題目。午後休息起來，就廣泛閱讀，汲取相關素材中的精華。稍有所得就隨手記在紙片上，等到連貫爲一個體系時，初步的構思就形成了。「文章本天成，妙手偶得之」，這是描寫傑作的語句，但是我們凡人寫作又何嘗不是如此？搜索適當的字句，組合起來表達明白的觀念，有時會有「理當如此」的快感，使寫作本身成爲一種樂趣。

閱讀與寫作是相輔相成的。我讀的是最艱深的哲學，我寫的是淺顯的說理小品。化深爲淺的表達方式，是我的寫作原則。我的心靈在閱讀中日益豐富，並且在寫作中日益活潑。由此看來，寫作畢竟是與考試不同的。

生存乃是不斷地在內心與靈魂交戰；寫作是坐著審判自己。

——挪威戲劇家　易卜生

翻譯不容易

學習英文最好的方式即是翻譯，因爲你不但要懂得英文，更要懂得中文。只有以清楚的中文寫成之後，才算眞正理解了英文的意思。

我從大學三年級暑假就開始翻譯了。當時一位老師負責主編一套叢書，要我翻譯「宗教哲學」的部分，稿費是一千字一百元，大約也是當時寫作的行情。我整個暑假都待在觀音燈塔，每天譯個千把字，仔細琢磨每一句話，徹底掌握了英文作品的表達方式。

後來我一直強調，學習英文最好的方式即是翻譯，因為你不但要懂得英文，更要懂得中文。只有以清楚的中文寫成之後，才算眞正理解了英文的意思。我由翻譯所得的訓練，對我往後的研究大有幫助。不過，就前面所說的「宗教哲學」的翻譯來說，卻有一段意外的插曲。我譯成了全書十萬字，開學之後交稿，主編的老師這時才發現自己另外又請了一位教授譯了同一部分，結果成了「一書兩譯」。怎麼辦呢？他採用了那位教授的翻譯，然後向我說一聲抱歉，給了我兩千元（原本應該是一萬元）就算解決了。

我雖然失望，但是卻有了一份可以自由出版的手稿。這份手稿後來稍加改編，以《從上帝到人》的書名在先知出版社出版，後來又轉到黎明公司出版，書名《宗教哲學初探》。那是我大三時的譯作，但是今日大學生在上我的課時，依然可以取為參考。最近由於翻譯也須由版權單位授權，我的書大概暫時不會再版了。這一段插曲在我的學習歷程中相當重要。我自此愛上翻譯，先後大概譯了二百萬字，並且由之獲益匪淺。

然而，在國內，翻譯一直未受應有的重視。梁實秋文學獎開始有翻譯獎的設置，國家文藝獎到八十二年才首度增加了翻譯獎。這兩者皆以文藝爲主，對於純學術的作品無暇顧及，而研究單位更是明令不以翻譯爲獎助對象。任何事情都有些彈性，光看「翻譯」也是千差萬別。我在大學時代，像當時許多同學一樣，喜歡閱讀新潮文庫的譯作，但是念起來相當辛苦，因爲其中許多作品都是外文系背景的人所譯。他們懂得英文，但是缺乏專業學科的理解，碰到關鍵的地方就含糊籠統的帶過去，不但詞不達意，有時根本是瞎編故事。

由此可知，翻譯比起寫作，更是一種要靠良心來負責的事情，並且，「譯事艱難」也是所有負責的譯者共同的體會。最近收到一份傳眞，標題是「譯者三原則」，大概是想呼籲國內譯者聯合爭取應有的權益，其內容是：

㈠譯者有版稅。頭版版稅四千冊起。

㈡譯者的版稅，不得低於原文本作者的版稅。

㈢譯者的版稅，不得低於中譯本定價的百分之十。

文後有一段說明：「國人經由譯者的翻譯，才能欣賞到外國人的作品。每一譯者必須精通兩種語文。因此，譯者三原則的第二條，尤當堅持。」

我很欣賞這一段說明中的「譯者必須精通兩種語文」。的確，如果眞有這樣的譯者，當然應該得到上述三原則所說的待遇，不過，關鍵在於出版公司。一般而言，一本翻譯的書如果是文藝類的暢銷書，或許有四千本的銷量，但是學術性的書卻不大可能，而後者卻有更高的難度。同時，出版公司如此一來必須付出原作者與譯者的兩份版稅，負擔加重了；如果一併考慮第二條，則一本譯著必須至少付出百分之二十的版稅，這在臺灣目前的情況是不易想像的。

結論是：翻譯作品的待遇，仍然要靠出版公司與譯者雙方之間的協調，很難依循一定的公式。如果譯者果眞精通兩種語文並譯得可圈可點，保證有廣大的銷路，那麼出版公司沒有理由不以高價待之。在商言商，我們不必苛責出版界。但是，政府應就學術上的翻譯工作，大力支持及培訓優秀的譯者，否則國內學生在學習及研究上很難突破各種限制，好像永遠必須像瞎子摸象一般的捧著外文書，實在值得同情。

向著星球長驅直進的人，反比踟躕在峽路上的人，更容易達到目的。

——美國哲學家　愛默生

賓至如歸結善緣

我若以文字以演講而在各地結交許多朋友，那麼除了說是善緣之外，內心只覺感恩。

我在教學之餘，接受公私機構的邀請演講，樂此不疲。哲學原是大家望而生畏的學科，流行的誤解是：「把簡單說得複雜」、「把懂的說成不懂」。為了化除此一誤解，同時也將自己的心得與人分享，我努力以淺顯的觀念、活潑的例子、清晰的架構與明確的語言，使哲學與人生的許多問題產生關連，進而澄清辨明，提出一些思考的方向與方法。

一年將近兩百場演講，當然不可能場場滿意。由我的角度來看，公家機關的動員月會比較形式化，參加者並非出於自願，心思不易集中。民間企業則以高價要求品質，有些硬碰硬的味道，一次失常就可能斷了後路。文化中心或社教館等開放型演講，觀衆則依題目而來，若是專門些的題材，反應自然較差。學校的周會是比較特別的一種場合，學生固然是被迫參加的，但是既然仍是學生，就有高度的求知意願。這個時候，演講者的用心準備就大有發揮的餘地了。

最近在許多中學演講，對兩次露天集會的印象特別深刻。一是彰化田中的達德商工，全校三千七百位同學坐在階梯式、四面以樹爲牆的集會場上。由講臺向上斜望，背景是青翠的山腰，一抬頭就是藍天白雲。教育是典型的人文活動，若與大自然的條件配合，無疑會有神奇的效果。另一次露天演講在花蓮的四維高中。該校以「孝親感恩」爲校訓，黃校長且以佛法中的有益方法來教導學生，收效可觀。兩千多位同學在東臺灣的豔陽之下，整齊靜穆得有如昔日我在軍中受訓所見，眞有些不可思議。臺北一些明星學校的學生坐在有冷氣的大禮堂聽演講，卻依然嘈雜或瞌睡，相形之下，應該感到慚愧。

我有一次到花蓮，最先是答應花蓮農校爲老師們作一演講。事實上，我三月初才去過花農爲全體學生演講，當時特地觀賞該校的園藝場，對其設計之美之巧，讚不絕口，想不到臺灣校園中有此一景，是爲歐洲許多美景之縮型。就我所知全省中學校園、大學校園，無一可勝過花農此景。眼見爲信，讀者他日赴花農，或可叩訪。

同樣令我印象深刻的是，花農的何校長在介紹我時，能談到我在文章中的許多描寫生活細節的部分。等我向同學們講完成功人生的四條件「目標明確、全力以赴、自得其樂、提升心靈」之後，何校長居然補充說：「傅教授原來在《成功人生》一書中，還提過第五個條件，就是『平均勝算』，意思是你不能要求自己每一次都成功，而要像打棒球一樣，有四、五成的打擊率就令人佩服了。」的確如此，我在驚訝之餘只能欣喜了。

這一次爲花農老師們的演講，我一步入會場，所見是當代男高音帕華洛帝正在演唱「歸來吧！蘇連多」一曲的錄影帶在大螢幕上。那不是別的，正是一九九一年世界三大男高音在義大利聯合演唱會的專輯，也正是我最愛的一張CD。其實只是第二次到花農，聽到的卻是「歸來吧！」好像在歡迎老友一般。我若以文字以演講而在各地結交許多朋友，那麼除了說是善緣之外，內心只覺感恩。

演講之後，在花農輔導室休息，我對負責安排花蓮之旅的陳主任表示，像花農這麼完善的輔導室，我是第一次見到，連臺大也比不上。在參觀了他們的設備與作業內容之後，我深深爲花農的學生感到慶幸。我這幾年到處演講，走過的學校何止一百所，只要見到堅守崗位、認眞負責、以工作爲榮的老師，我都會由衷佩服。我這次到花蓮農校，所認識的人十分有限，但是像何校長、輔導室陳主任、園藝科劉主任，都是使我一見如故的，長期難忘的老師。教育界還有許多像他們一樣的好老師，正在各個角落默默耕耘。他們的辛苦必將開出美麗的花朵，在學生身上、在下一代身上結出善果。

交談時的含蓄和得體，比口若懸河更可貴。

——英國政治家 培根

敬畏大自然

人對自己所見的一切，總須心存「敬畏」，因爲宇宙萬物有些奧祕是永遠存在的。

最近再看「侏羅紀公園」，對於其中幾句臺詞感受特別深刻。這部電影有濃厚的想像成分，譬如在考古時挖到一隻被樹脂所包圍凝結的蚊子，而這隻蚊子正好在六千五百萬年前吸過一隻恐龍的血。於是，現代科技從蚊子的血液中取得恐龍的DNA，再經由繁複的程序解讀出恐龍的生命奧祕，最後複製成眞正的恐龍。恐龍種類繁多，其中有些草食類，對其他物種並不會構成太大的威脅。但是，雷克斯龍或暴龍，以及迅猛龍就不一樣了。以體型較小的迅猛龍來說，牠們是天生的狩獵者，善於集體出擊，行動敏捷有如花豹，力氣之大不下犀牛，對所有生物都是嚴重的威脅。對人類呢？電影中，科技專家認爲只要控制遺傳過程，讓雌性恐龍生存，就不會有大量繁殖的危險。但是「生命會找到出路」這句警語一再出現，提醒我們科技的限度。事實上，電影所顯示的，正是恐龍居然可以單性繁殖，超出人力所能掌控的範圍。

不僅如此，一隻暴龍與三隻迅猛龍就可以讓人疲於奔命了。問題在於：暴龍的眞正能耐，並非科技人員所能想像；更可怕的是，迅猛龍居然還能從「試驗及錯誤」的過程中學習，好像有智力一般，可以開門、可以鉤心鬥角。如此一來，人類豈是牠們的對手？當然，人類如果團結起來，運用工具與發明，還不至於輸給恐龍。但是，這個「如果」卻是問題重重的。

「侏羅紀公園」裏，人類之潰敗正是肇因於自己人不團結，暗中下了手腳，造成機器失靈，以致死傷不少。看來人類應該在夢想征服大自然之前，先設法了解人性本身的奧祕。不此之圖，而去動大自然的腦筋，就像小孩得到大人的武器，不知輕重利害，後果將不堪設想。

生還者逃離侏羅紀公園時，主其事者還在幻想：下一次可以避免某些錯誤，找到完全控制的方法。但是，「完全控制」這個想法本身就是毫無根據的假設。科學家的發明，原本都是爲了求眞、爲了知識，但是結果卻可能嚴重威脅人類的生存，亦即忽略了「善」，忽略了「應不應該」的問題。劇中一位數學家說：發明即是暴力，想要改變大自然的規律；不過生命是不會受抑制的，它會找到出路。

面對這樣的大自然，人類的態度應該如何？如果單單以「敬畏」一詞稱之，或許尙不周全。人類爲了自己的生存，而與大自然競爭，這是生物本能，合乎「物競天擇，適者生存」的法則。但是這裏所謂的「競爭」，是指與人類同在一個時空中，互相具有殺傷力的動物而言。譬如，孟子談到堯舜時代，必須「烈山澤而焚之」，以便趕走龐大的禽獸，使人類安居。後來更明確指出「虎豹犀象」四種動物，必須驅逐之後，才能保障百姓的福祉。

無論如何，人類成爲「萬物之靈」了，但是面對高山大川、浩瀚的大海，以及各種自然界的變化，如地震、海嘯等，人類還能宣稱「人定勝天」嗎？人所能勝的只是世界上一部分動植物而已，人連自己本性的潛在的破壞力都搞不清楚，連同類之間互相毀滅的危險都尚未消除，又何必奢談什麼「勝天」呢？

人應該敬畏天，這個天是指大自然「整體」。科學家愛因斯坦清楚指出：人對自己所見的一切，總須心存「敬畏」，因爲宇宙萬物有些奧祕是永遠存在的。若是少了一份敬畏奧祕之心，則科學之眞、藝術之美、人間之善都找不到最後的基礎。

儒家則肯定天人之間雖有密切關係，但是人必須發揮自身的潛力，努力改善世界，從「盡己性、盡人性、盡物性」，步步抵達「參贊天地化育」。這段話說得簡潔，但是卻昭示了一種開放的人文主義。就是：人應該敬畏大自然，同時盡一己之力回應大自然的造化偉業。內求於己，外應於天，是爲天人合德。

我的人生哲學是工作，我要揭示大自然的奧祕，並以此為人類造福。我們在世的短暫一生中，我不知道還有什麼比這種服務更好的。

——美國發明家　愛迪生

道德的勇氣

當我不願挺身而出爲人伸冤時，我就封殺了自己的感受，切斷了我與他人之間的感應與共鳴。

勇氣是行動的基礎，但是行動的性質與脈絡，同時也決定了勇氣的類型。譬如，江洋大盜爲了搶劫而冒險犯難，也是需要勇氣的。這種勇氣，與「見義勇爲」是截然不同的。可惜的是，一般人常把有形可見的「好勇鬥狠」，當成勇氣，而不知提升到道德的層次。

以美國爲例，立國初期向西部開疆拓土時，塑造了不少英勇典型：他們手握法律、主持正義，靠著拔槍比對手迅速而生存下來。他們從不依賴別人，可以忍受孤獨寂寞，住在荒郊野外，最近的鄰居也在二十哩遠的地方。直至今日，西部片中的經典之作，仍然受到美國民衆的喜愛。這種邊疆傳統所帶來的矛盾，今日看來十分清楚。其中蘊含的英雄主義日漸變質，使得勇氣也劣化爲殘酷無情。

有些美國家庭對於小孩在外與人打架的態度是：如果打輸了，回家要再挨一頓打。但是，如何可能人人打贏呢？這是培養暴力情結的溫床。在當今的文明國家中，美國是暴力充斥最嚴重的地區之一。殺人案的比例要比歐洲各國高出三至十倍。

勇氣絕不等於暴力，更不是以自我爲中心去制服或威脅別人。我們鍛鍊身體，不是爲了健美的肌肉，卻應該轉移焦點，爲了培養敏銳的感受。我們要發展的是：伴著身體一起傾聽的能力。這就是尼采所謂的：學習與身體一起思考。身體可以覺得天氣冷熱，也可以看到、聽到別人的喜怒哀樂。在「身體語言」（body language）已經流行的今日，我們怎能忽略身體的特質？因此，我們要努力提高身體的價值，使它成爲同情與關心別人的媒介，使它成爲表現自我的美麗內涵的途徑，使它成為各種樂趣的源頭活水。

再就道德勇氣來說，當代的俄國作家索忍尼辛（A. Solzhenitsyn）是很好的例子。他曾獨自一人站出來與蘇維埃政權對抗，抗議集中營對男女囚犯所施行的殘酷非人待遇。他的一系列作品極力反對在身體上、心理上或精神上，對任何人進行迫害。他不屬於自由主義者，卻是一位俄國民族主義者，由此使得他的道德勇氣格外鮮明。他所象徵的價值是：一個人的內在心靈應該受到尊重，不管他的政治立場如何。他有如杜斯妥也夫斯基筆下的一個角色，大聲疾呼：「如果犧牲生命可以促使眞理實現，我將樂於從命！」

蘇聯警察將他逮捕入獄。據說他被剝光衣服，帶到一隊行刑士兵面前。警察的目的是，既然無法在心理上逼他保持緘默，就要設法把他嚇死。槍聲齊響，卻都是空包彈。永不畏縮的索忍尼辛，隨後被放逐到瑞士，繼續以犀利的眼光與文筆批評其他國家。他指出，像美國的民主制度顯然就需要嚴加修改。只要世間仍有像索忍尼辛這種具備道德勇氣的人物存在，我們就可以斷定「把人貶抑為機器人」的時代還沒有得到完全的勝利。

索忍尼辛的勇氣，並非只是出於直言無隱的大膽作風，同時更來自他在集中營被囚的經驗，由此對人類的苦難感到深刻的同情。換言之，道德勇氣的根源，在於一個人對同伴（或其他人）所遭遇的苦難，產生敏銳的感受，甚至到了感同身受的地步。卡繆曾說：「我反抗，所以我們存在。」我並非爲了反抗而反抗，更不是爲了自己的權益而反抗。我反抗，是爲了「我們」的尊嚴受到侵犯與侮辱。我反抗，是因爲「有人」受到不公平的待遇。

因此，道德勇氣來自人與人之間的親切聯繫，來自我與他人一律平等的心胸。當我不願挺身而出爲人伸冤時，我就封殺了自己的感受，切斷了我與他人之間的感應與共鳴。結果則是懦弱：大家置身事外，隔岸觀火，忘記了有一天這種不義也可能落在自己與家人身上。當然，道德勇氣在付諸行動時，也須考慮合宜的方法。不論方法是否有效，總要嘗試去做。脫離行動，勇氣只是一個觀念而已。

道德常常能填補智慧的缺陷，而智慧卻永遠填補不了道德的缺陷。

——義大利詩人　但丁

傅佩榮「精彩人生」三書

雙色精美印刷・每篇文末附世界名人勵志格言

生命的精采由自己決定　定價230元

同一個太陽，有旭日的光采，也有夕陽的映照，時間的腳步對每一個人都是公平的，生命的精采卻由自己所決定。生活哲學大師傅佩榮教授，以精闢獨到的見解、簡單易行、深入淺出的筆法告訴我們，如何提升身心靈的快樂，讓自己豁然開朗，充滿信心，開啟心靈另一扇窗，進而產生智慧，達到精采人生、自在的生活。

人生的快樂靠自己追求　定價240元

以關愛與尊重之心，提醒青年朋友如何堅持自我，思考現代人實現理想之道。全書從自我定位、教室內外、心靈挑戰與宗教正念等四大範疇，發掘個人潛能，向心靈挑戰；討論教育、宗教、生活環境、社會風氣等與我們息息相關的問題。

生活的逆境要勇敢面對　定價230元

生活充滿各種挑戰、挫折……如何因應，進而在其中成長，是每個人必修的重要課題。傅佩榮從個人經驗出發，用親切文字及輕鬆哲理，娓娓道出自信與自省的重要，與您站在同一陣線，一起面對生活的逆境，重新構築人生的劇本。

傅佩榮作品集 LI ⑳3

生活的逆境要勇敢面對

（原名：回應人生的挑戰）

作　　者：傅　佩　榮
特約編輯：陳　慧　玲
發 行 人：蔡　文　甫
發 行 所：九歌出版社有限公司
臺北市八德路3段12巷57弄40號
電話／02-25776564・傳真／02-25789205
郵政劃撥／0112295-1
九歌文學網：www.chiuko.com.tw
登 記 證：行政院新聞局局版臺業字第1738號
印 刷 所：晨捷印製股份有限公司
法律顧問：龍躍天律師・蕭雄淋律師・董安丹律師
初　　版：1996（民國85）年2月10日
重排初版：2007（民國96）年12月10日

定　價：230元

ISBN：978-957-444-457-1　　Printed in Taiwan

國家圖書館出版品預行編目資料

生活的逆境要勇敢面對／傅佩榮著. --
重排初版. --臺北市：九歌， 民96.12
面； 公分. --（傅佩榮作品集；3）
ISBN 978-957-444-457-1（平裝）

1. 人生哲學

191 96020392